D1104101

Chocolats pour le coeur d'une mère

Kay Allenbaugh

Traduit de l'américain
par Josée Guévin

guide ressources

Copyright ©1999 Kay Allenbaugh
Titre original anglais : Chocolate for a mother's heart
Copyright ©2000 Éditions AdA Inc. pour la traduction française
Coédition pour la traduction française Éditions AdA Inc. et Les Éditions Goélette
Cette édition est publiée en accord avec Fireside, une filiale de Simon & Schuster Inc.
Tous droits réservés. Aucune partie de ce livre ne peut être reproduite sous quelque forme que ce soit sans la permission écrite de l'éditeur sauf dans le cas d'un critique littéraire.

Révision : Nancy Coulombe
Traduction : Josée Guévin
Typographie et mise en page : François Doucet
Graphisme de la page couverture : Martine Champagne
ISBN 2-921892-95-2
Première impression : 2000
Dépôt légal : troisième trimestre 2000
Bibliothèque Nationale du Québec
Bibliothèque Nationale du Canada

Éditions AdA Inc.
172, des Censitaires
Varennes, Québec, Canada, J3X 2C5
Téléphone: 450-929-0296
Télécopieur: 450-929-0220
www.ADA-INC.com
INFO@ADA-INC.COM

Les Éditions Goélette
600, boul. Roland-Therrien
Longueuil, Qc, Canada, J4H 3V9
Téléphone : 450-646-0060
Télécopieur: 450-646-2070

Diffusion
Canada : Éditions AdA Inc.
Téléphone: 450-929-0296
Télécopieur: 450-929-0220
www.ADA-INC.com
INFO@ADA-INC.COM
France : D.G. Diffusion
Rue Max Planck, B.P. 734
31683 Labege Cedex
Tél : 05-61-00-09-99
Belgique : Rabelais- 22.42.77.40
Suisse : Transat- 23.42.77.40

Imprimé au Canada

Données de catalogage avant publication (Canada)

Allenbaugh, Kay

Chocolats pour le coeur d'une mère : des récits pleins de sagesse pour célébrer l'amour maternel

Traduction de : Chocolate for a mother's heart.

ISBN 2-921892-95-2

1. Maternité. I. Titre.

HQ759.A43314 2000   306.874'3   C00-941387-1

De la même auteure :

Chocolats pour l'âme d'une femme

Avec toute ma reconnaissance pour ma famille,
je dédie ce livre à la splendeur de :
la générosité inconditionnelle de David,
de la sagesse enjouée de Rick,
de la gentillesse attentive de Peter,
de l'esprit d'aventure de Tim,
de la merveilleuse tendresse de Jenn,
de la lumière radieuse de Stephanie,
de l'innocence adorable d'Amy.
Je vous aime tellement.

TABLE DES MATIÈRES

VII
PETITES ANECDOTES MAISON

INTRODUCTION

*Q*ue vous soyez vous-même une mère ou que vous ayez simplement envie de vous faire materner, vous serez touchée par les témoignages contenus dans ce recueil, qui ont tous pour thème l'amour maternel.

La tâche d'une maman paraît simple au premier abord, mais elle est pourtant ô combien complexe. Il faut tout faire, et plus encore ! Nous devons jouer plusieurs rôles à la fois : enseignante, amie, chauffeur, cuisinière, infirmière, metteur en scène, conseillère en orientation et, surtout, nous sommes le refuge ultime pour nos enfants. Il nous faut savoir quand être là pour eux et savoir aussi quand nous taire. Notre mission consiste à guider et à protéger nos précieux rejetons jusqu'à ce qu'ils soient prêts à voler de leurs propres ailes, mais là encore, il nous faut deviner le moment propice pour les pousser hors du nid. La tâche d'une mère est la plus diversifiée que l'on puisse imaginer. C'est la raison pour laquelle tous les témoignages que renferme *Chocolats pour le coeur d'une mère* ont été écrits par autant de femmes différentes.

Bien entendu, il n'est pas nécessaire d'être mère ni d'avoir envie de vous faire materner pour comprendre que l'instinct qui nous anime comporte ses propres conséquences. En effet, les femmes très maternelles sont généralement celles sur lesquelles les autres comptent, que ce soit à la maison ou au bureau. Il y a l'enfant qui a besoin d'être consolé, mais parfois aussi le conjoint, une amie ou même notre propre mère ! Comme toutes les mamans s'imposent d'être à la hauteur de tant d'exigences, elles peuvent à leur tour avoir besoin d'un peu de réconfort et, pourquoi pas, de petites douceurs aussi. Ce livre vise donc à vous donner de l'inspiration, de l'énergie et surtout à vous faire plaisir.

Chocolats pour le coeur d'une mère se veut la suite de *Chocolats pour l'âme d'une femme*. Ma mère est morte trop jeune, à l'âge de quarante ans; j'en avais quinze. Depuis, le vide immense qu'elle a laissé me rappelle chaque jour à quel point une maman reste irremplaçable. Ma mère me manque terriblement mais je sais qu'elle est toujours là, en esprit, pour me protéger. Sa disparition m'a permis d'être plus reconnaissante pour toutes les années que j'ai pu passer avec mes enfants.

Avec ce même amour inconditionnel que seule une mère peut offrir, et en vous rappelant que les mamans ont toujours raison, je vous propose la lecture de ces délicieux récits remplis de richesse et de vérité. Allez-y. Savourez ces petites douceurs qui font chaud au coeur et, croyez-en une mère, vous en redemanderez !

I
BRIOCHE
ET
CHOCOLAT CHAUD

« *La route qui conduit jusqu'au coeur
est toujours celle qui nous ramène à la maison.* »
Jennifer James, médecin
—Jennifer James, médecin

« L'épanouissement d'un enfant dépend de
ses propres expériences
plutôt que de ce qu'on l'empêche de faire. »
—Marcelene Cox

UN ANGLE DIFFÉRENT

*L*orsque ma fille Adrienne avait douze ans, elle suivait un cours de photographie et m'avait informée que les vrais professionnels se servaient de pellicule noir et blanc. C'était exact. Nous avons donc acheté une pellicule et ma fille a décidé d'aller photographier le *St. Louis Gateway Arch*.

Le temps était couvert. J'ai suggéré d'attendre que le soleil revienne, mais elle jugeait la lumière parfaite pour faire ses photos. Dès que nous avons été sur place, Adrienne s'est rendue au pied du monument, s'est appuyée contre une des bases massives, a étiré les bras au-dessus de la tête en braquant son appareil sur le côté.

De ma voix la plus douce, je lui ai dit : « Chérie, tu devrais reculer pour pouvoir prendre le monument au complet ». Ceux qui ont déjà vu une photo de l'arc savent ce que je veux dire. « La photo n'aura aucun sens si tu n'en prends qu'une partie », ai-je ajouté.

Elle a ignoré mes propos et est allée s'installer contre l'autre base, dans la même position. De nouveau, j'ai tenté de lui indiquer une meilleure façon de s'y prendre. Je voulais qu'elle fasse une bonne photo, mais mon avis ne l'intéressait guère, non plus que mes nombreuses années d'expérience comme « photographe » aux anniversaires, aux récitals de danse et pendant les vacances.

« Non. Je veux le faire à ma façon », a-t-elle affirmé.

Je n'ai pas insisté, en me disant qu'il n'était pas bien grave de perdre de l'argent sur l'achat et le développement d'une pellicule puisque ma fille aurait sa leçon.

En fait, ce fut une leçon pour moi. Des années plus tard, Adrienne a gagné une bourse d'études du *Art Institute* de San Francisco, obtenu un stage au *Ansel Adams Center for Photography* et exposé ses oeuvres au *Museum of Modern Art* de San Francisco. Les gens achètent ses photos parce qu'elle possède une façon unique de voir. La même qui l'avait poussée, à douze ans, à photographier le *Gateway Arch* depuis un angle qui me paraissait insensé.

La manière que ma fille avait choisie pour prendre la photo m'a enseigné que la plupart des solutions que nous cherchons s'offrent à nous d'elles-mêmes, dans la mesure où nous sommes disposés à les envisager d'un angle différent.

Heureusement qu'Adrienne n'a pas vu l'arc à travers mes yeux ce jour-là. Sa photo a été achetée par des collectionneurs et est aujourd'hui exposée dans plusieurs galeries d'art.

Linda Nash

« C'est en donnant qu'on est le plus riche
et en refusant ce qu'on nous offre
qu'on est le plus pauvre. »
— Anne-Sophie Swetchine

LE LAPIN DE MONGOLIE

*T*ant de gens vivent la même situation de nos jours que si cela avait été le cas à l'époque, la souffrance en aurait peut-être été atténuée. La misère attire la misère, dit-on. Il n'en reste pas moins que je n'oublierai jamais le jour où mon mari m'a annoncé qu'il perdait son emploi. Quel choc !

Nous étions mariés depuis dix ans et John n'était pas homme à prendre les choses à la légère. Il m'assura qu'il ferait tout en son possible pour trouver un autre emploi afin de pouvoir subvenir aux besoins de la famille. Avec trois enfants de moins de cinq ans et un quatrième sur le point de s'ajouter, nous dépendions entièrement de son seul revenu.

« La vie continue, déclarait John, plus optimiste que moi face à la situation. Nous sommes en bonne santé et puis, ça n'est qu'un emploi après tout. De plus, la compagnie continuera de me verser mon salaire pendant trois mois. J'aurai certainement trouvé un emploi d'ici là. Ne te tracasse donc pas. Tout ira très bien. »

Compte tenu de ses diplômes et de son expérience professionnelle, je me suis convaincue qu'il devait avoir raison. Ancien athlète olympique, John savait relever les défis. Il était jeune quand son père est mort et il avait veillé sur sa mère, sa soeur et son frère. Le travail ne faisait pas peur à mon mari et il était intelligent. Mais les mois passèrent et il était toujours sans travail. Mon inquiétude grandissait et l'espoir me quittait.

Qu'arriverait-il s'il ne trouvait pas d'emploi ? Dans d'autres circonstances, j'aurais pu reprendre l'enseignement, mais j'allais accoucher dans moins de trois mois.

Avec très peu d'argent dans notre compte d'épargne, les versements hypothécaires en retard de deux mois et aucun revenu en perspective, je retranchais sur notre budget quotidien chaque jour davantage.

Bientôt, la part que je réservais pour manger s'amenuisa au point de devenir presque inexistante. Un jour que je me trouvais au supermarché avec mes enfants, je remarquai un jeune homme qui plaçait dans des boîtes en carton des fruits trop mûrs et des aliments un peu défraîchis. Après hésitation, je m'enquis de la destination de cette nourriture. « Nous la vendons à bas prix et nous jetons ce qui reste », m'expliqua-t-il. Je regardai les carottes, le céleri et les tomates. De quoi faire plusieurs repas pendant des semaines. Je me demandai quelle était la bonne façon de mendier dignement de la nourriture pour mes enfants.

« Nous avons un lapin de Mongolie à la maison ! dis-je, en regardant mes trois enfants affamés. J'aimerais acheter cette nourriture pour l'animal. »

Il me répondit très gentiment : « Si c'est pour un lapin, ça ne vous coûtera rien. »

Ce jour-là, il mit cinq boîtes de légumes dans ma voiture. Nous bavardions tandis qu'il chargeait les cartons. Moi, de ma famille qui allait bientôt s'agrandir et lui de la sienne. Il s'appelait Jeff. Ils étaient cinq chez lui et les finances étaient serrées. Son job l'aidait à payer ses études à l'université.

Les semaines passèrent et Jeff commença à ajouter d'autres aliments comme du beurre d'arachide, de la soupe, du fromage, qui étaient endommagés mais encore comestibles et qui autrement auraient été jetés. « Je suis sûr que votre lapin va manger tout ça », expliqua-t-il. Les semaines se transformèrent en mois et nous découvrîmes peu à peu, cachés sous les légumes, du détersif, du lait, du jus de fruit, du beurre... et bien d'autres choses encore... Jeff commença à me téléphoner chaque fois qu'une boîte de « nourriture pour le lapin » était prête. De temps en temps, il apportait les boîtes à la maison. Il n'a jamais demandé à voir le lapin. Il se contentait de laisser la nourriture dans la cuisine et il repartait aussitôt.

Lorsque notre quatrième fille est née, ma joie était mêlée d'inquiétude face à l'avenir. « Mon Dieu, je vous en prie ! Vous aviez promis de ne pas nous donner plus d'épreuves que nous ne puissions en supporter. Nous ne pouvons rien faire de plus ! Aidez-nous ! »

Mon mari, qui entrait dans la chambre de l'hôpital, m'annonça : « J'ai une bonne et une mauvaise nouvelle. La bonne, c'est qu'on m'a offert un emploi très intéressant ce matin. Je fermai les yeux et remerciai Dieu. La mauvaise, c'est que le lapin de Mongolie est parti. »

Jeff ne travaillait plus au supermarché. Peu avant mon accouchement, il avait déménagé sans laisser d'adresse, nous expliqua le gérant.

Au cours des années qui suivirent, je pris soin de respecter ma promesse secrète de témoigner ma reconnaissance à tous ceux qui nous avaient aidés pendant cette période difficile. Mais mes remerciements restaient incomplets. Jusqu'au jour où, dix ans plus tard, j'aperçus Jeff dans le bureau du supermarché. Le titre de Gérant était inscrit sur son badge.

Comment exprimer correctement sa gratitude à celui qui vous a aidée sans mettre votre dignité en péril, vous a tendu la main sans vous enlever votre courage et cru aux lapins de Mongolie qui se cachent dans la vie de chacun ? Je ne suis pas étonnée que Jeff ait fait son chemin. Il possède un don précieux. Il a su entendre tout bas ma demande spéciale.

« Mme Nunn ! s'exclama-t-il. Je pense souvent à vous et à votre famille. Au fait, comment va le lapin ? » demanda-t-il doucement.

J'ai pris la main de Jeff dans la mienne et je lui ai murmuré avec un clin d'oeil : « Merci de prendre de ses nouvelles, mais il est parti depuis longtemps à présent et toute la famille va on ne peut mieux. »

Maureen Nunn

À L'AVENTURE
AVEC MON PETIT-FILS

J'avais rendez-vous avec mon petit-fils de cinq ans pour faire du ski de printemps à Bear Lake, en Californie. Comme il me tardait de le serrer dans mes bras et de voir ses beaux yeux rieurs ! Je l'avais initié au ski quelques mois auparavant. Je le vois encore s'accrochant courageusement à la corde du remonte-pente puis descendre tant bien que mal en glissant et en rebondissant jusqu'en bas. Mais quelle que soit la façon dont il arrivait au pied de la pente, il levait chaque fois les bras de jubilation. Je me rappelle lui avoir dit : « Justin, ce que j'aime chez toi, c'est que tu n'abandonnes jamais ! »

Avant de prendre l'avion pour la Californie en vue de notre prochain séjour ensemble, je lui avais parlé de l'importance de se fixer un but, de s'y tenir et de l'atteindre en dépit de tous les obstacles. Après quelques entretiens au téléphone, nous avions établi notre objectif : partir à l'aventure tous les deux et avoir beaucoup de plaisir, quoi qu'il arrive. Je lui avais recommandé d'imaginer tous les jours notre aventure en lui précisant que j'en ferais autant.

Je suis allée le chercher par un magnifique matin ensoleillé. En route vers la montagne, je dis à Justin : « Tu sais, il y a un détail dont il faut que je te parle. La nuit dernière, El Nino a soufflé et a laissé vingt centimètres de neige derrière lui. Les conditions de ski seront idéales, mais la route risque d'être dangereuse. Il se peut qu'elle soit trop glacée et enneigée pour que nous puissions nous rendre car je n'ai pas de chaînes sur mes pneus. »

C'était vrai. Je n'en avais pas et je ne voulais pas en acheter puisque je n'avais jamais réussi à installer des chaînes sur les pneus d'une voiture. Justin m'a regardée, m'a offert son plus beau sourire et m'a dit : « Allons-y, mamie ! » Nous avons donc poursuivi notre route dans la montagne pour finalement arriver dans un virage et rencontrer notre premier obstacle. De la glace ! Pas une simple plaque, mais la route sur toute sa surface et à perte de vue.

Huit voitures s'étaient rangées et on pouvait voir le conducteur de chacune d'elles allongé dessous, en train d'essayer d'installer des chaînes. Les amis et la famille encourageaient vaillamment les audacieux qui se dévouaient. Pas joli à voir. Je réfléchis rapidement à une autre option pour la journée.

« Eh bien, Justin, je crois que nous avons là un défi à relever. » Au moment même où j'allais proposer de faire demi-tour et d'aller plutôt au cinéma, Justin déclara : « Tu sais, mamie, ce que j'aime le plus de nous deux, c'est que nous n'abandonnons jamais. » J'avais déjà entendu cela quelque part... Il nous fallait prendre une décision et je me rappelai soudain que nous avions convenu d'aller à l'aventure. Or, *tout* peut arriver quand on va à l'aventure.

Stimulée par la confiance de mon petit-fils, je retournai six kilomètres en arrière, jusqu'au magasin aperçu au passage, pour savoir si on y vendait des chaînes. Je sentis néanmoins le besoin de ne pas donner de faux espoirs à Justin et je lui dis : « D'abord, il n'est pas sûr que nous trouverons des chaînes et je ne te garantis pas non plus que j'arriverai à les installer. Je n'ai jamais réussi auparavant. » Il a répondu simplement : « Allons voir si le magasin en vend et ensuite nous demanderons à Dieu de nous aider. » Il joignit ses petites mains et avec toute sa foi, il invoqua le ciel : « Mon Dieu, aidez ma mamie à mettre les chaînes et si elle n'y arrive pas, envoyez-nous un homme. »

Quelle excellente idée ! Mon enthousiasme me revenait, lorsque nous avons été confrontés au deuxième obstacle à surmonter pour réaliser notre belle aventure.

En moins de deux, le vendeur nous avait remis des chaînes convenant à ma voiture de location et nous reprenions la route. À l'approche du virage appréhendé, je ralentis, prête à me ranger derrière les autres voitures que nous avions vues la première fois. Il n'y avait plus personne. Beaucoup de glace, mais aucune voiture.

J'étais découragée. Une fois de plus, Justin concentrait son attention sur notre but alors que toute la mienne se portait sur ce qui nous empêchait de l'atteindre. Au moment où j'allais annoncer l'inévitable à mon petit-fils, il prononça la phrase encore une fois : « Tu sais, mamie, ce que j'aime le plus de nous deux, c'est que nous n'abandonnons jamais. » Bien entendu, je n'avais pas le choix; il fallait au moins que j'essaie d'installer les chaînes. Mais impossible d'y arriver. *Rentrons à la maison et allons au cinéma*, me dis-je en moi-même pendant que je me battais avec les chaînes. C'est alors que j'entendis une voix : « Pardon madame, puis-je vous aider ? » En me retournant, j'aperçus un grand gaillard dans le style John Wayne. Quelques minutes plus tard, les chaînes étaient en place et nous reprenions la route de nouveau.

Au bout de quelques kilomètres, j'entendis le bruit facilement reconnaissable des chaînes qui se défont. On aurait dit que tout était contre nous, maintenant que le quatrième obstacle faisait surface avant même que nous soyons parvenus aux pentes de ski. À court d'idées, je marmonnais tout bas : « Fixe-toi un objectif, ne le perd jamais de vue, quoi qu'il arrive. » Quelques instants après que nous nous soyons rangé sur le bas-côté, un homme s'est arrêté, a pris ses outils et resserré les chaînes. Je n'ai même pas eu besoin de lui demander de l'aide. Peut-être la Force était-elle avec nous finalement ?

La suite de la journée s'est transformée en moments magiques. La musique envahissait le centre de ski et nous chantions en dévalant les pentes. Le ruisseau gazouillait, le soleil brillait et Justin expérimentait la poudreuse. Une splendide aventure, comme nous l'avions prévu !

Épuisés mais heureux à la fin de cette merveilleuse journée, nous avons rangé nos skis et nos bottes dans la voiture et j'ai pris le volant. Mon petit-fils, ce petit bonhomme de cinq ans assis à mes côtés, m'a regardée avec ses grands yeux remplis de joie et m'a répété : « Mamie, tu sais ce que j'aime le plus de nous deux ? »

Rév. Mary Omwake

LE CHARME DISCRET
D'UN PARFUM

*T*ante Esther adorait les enfants. Tous les enfants. Lorsqu'elle comprit qu'elle n'en aurait jamais, elle a écouté son coeur et est devenue institutrice. En dehors de sa classe, si elle n'avait pas de jardinage ou de conserves à faire, elle aimait s'occuper des autres enfants qui faisaient partie de sa vie. Par bonheur, ma soeur et moi comptions parmi les chanceux.

Nous l'adorions. Rien d'étonnant à ça, puisqu'elle nous laissait faire pour ainsi dire tout ce qu'on voulait. Nous avions le droit de transformer une chambre en forteresse, de construire une digue dans la baignoire tout aussi bien que de faire des expériences scientifiques douteuses dans la cuisine. Elle jouait le rôle de meneur de jeu tandis que nous laissions libre cours à notre imagination ! Elle avait quelque chose de magique, peut-être en partie à cause de son parfum. Elle avait adopté un savon dont l'arôme de pin dégageait une sorte d'énergie vibrante et presque mystique.

Toute petite, je n'ai pas su reconnaître le véritable cadeau de sa présence. Je ne m'en suis aperçu que plus tard et, avec le recul, je pense pouvoir dire que la beauté intérieure de ma tante lui venait de son refus d'utiliser les mots « erreur » ou « échec » devant des enfants. À ses yeux, nous étions doués pour tout et cette confiance inébranlable nous a certainement aidées à réussir notre vie !

Par la suite, ma soeur et moi avons eu nous-mêmes des enfants et ceux-ci ont pu à leur tour connaître la « magie » d'une visite chez tante Esther. Quand ils étaient bébés, chacun de nos six enfants, assis dans sa dînette ensoleillée, a tenté d'attraper les rayons de soleil qui traversaient les vitres tachées de petits doigts. En les regardant faire, elle s'exclamait chaque fois : « Cet enfant est remarquable. Voyez comme il est déjà fasciné par les mystères de la nature. »

Je pense que le week-end durant lequel une des filles avait décidé de faire semblant d'être un chien illustre le mieux l'infinie patience de cette femme de même que sa volonté de stimuler à tout prix l'imagination des petits. Jennifer a passé trois jours à circuler à quatre pattes dans la maison. Plutôt que de parler, elle avait choisi d'exprimer ses besoins à tante Esther par des jappements et des gémissements. « En fait, elle était allée jusqu'à lui permettre de manger à même son assiette, par terre, comme un chien », avait fait remarquer mon père en hochant la tête.

Au fil des ans, elle a transmis sa ferveur à des générations d'enfants. Elle nous a appris les joies les plus simples comme celle de nourrir les canards dans la mare en face de la maison jusqu'aux plaisirs plus raffinés de la littérature. Je chérirai toujours les après-midi pluvieux que nous passions dans son séjour à l'écouter nous faire la lecture de poésie ou des grands classiques.

Elle nous a quittés tout doucement, avec dignité et grâce. Nous étions heureux de savoir qu'elle avait passé ses derniers jours entourée de sa famille et de ses amis. Ce n'était que justice à l'égard de celle qui nous avait tant donné.

Compte tenu de tous les moments merveilleux qu'elle avait su créer autour d'elle au cours de sa vie, personne ne se surprendra d'apprendre qu'elle continue d'exercer sa magie depuis l'au-delà. En effet, quelques âmes plus sensibles de la famille reçoivent parfois la visite de tante Esther; nous les appelons des « frôlements parfumés ».

Je n'oublierai jamais le jour où ma soeur m'a téléphoné pour me parler de « la chose la plus incroyable qui venait de se produire ». Elle avait senti l'arôme du savon de notre tante et remarqué une marque sur le lit fraîchement refait. Un lit ayant déjà appartenu à tante Esther. De plus, ma soeur avait au même moment été envahie par un sentiment de paix et d'amour.

Deux des aînés, ceux qui se rappellent bien avoir joué auprès d'elle il y a plusieurs années, affirment eux aussi être parfois tirés de leur sommeil par le parfum de pin et l'impression que leur grand-tante les observe. Même ma mère en a fait l'expérience une fois ou deux. « Surtout, précise-t-elle, lorsque je rumine un problème ou que je m'inquiète au sujet d'un des enfants. » Ça n'est pas un hasard, j'en suis certaine, si ma tante rend visite à celui ou celle qui traverse un moment difficile.

Souvent, dans le calme du soir, je pense à elle. Cela ne me rend pas triste, puisque tous les souvenirs qui m'y rattachent me remplissent de joie. Je la sens s'asseoir près de moi et un frisson agréable accompagne son parfum de pin. Je revois alors le visage ridé mais serein de la femme qui le portait si bien.

Debb Janes

LA ROUTE ÉTAIT LONGUE

*N*ous étions en 1947. Mes parents mettaient les bagages dans la voiture tandis que je cherchais mon chat, Snoonie, pour lui dire au revoir. J'étais ravie de partir en vacances dans cet endroit que j'aimais le plus au monde, Atlantic City. Un lieu synonyme de barbe à papa, de bonbons à l'eau de mer, de la grande promenade en métal, sans compter la plage et toutes les vagues dans lesquelles une petite fille de dix ans peut plonger.

Tout en l'appelant, je me glissai dans les bois situés derrière la maison pour fouiller le verger et les bosquets de mûres. Je n'avais jamais compris pourquoi nous avions choisi ce nom pour un chat. Une épithète familiale, paraît-il. Ça m'était égal de toute façon puisque je l'aimais de tout mon coeur et que je savais qu'il m'aimait aussi. Comme j'étais enfant unique, Snoonie me tenait lieu de confident. Je lui confiais mes pensées les plus secrètes.

Je le vis bientôt émerger de dessous un bosquet de petits fruits en s'étirant et en me laissant clairement savoir que je l'avais dérangé dans sa sieste. Je le pris dans mes bras et lui dis : « Je pars en vacances mais toi tu dois rester ici; j'aimerais pouvoir t'emmener avec moi, mais les chats et les chiens ne sont pas admis au motel. » Je le caressai derrière les oreilles jusqu'à ce que j'entende son doux ronronnement puis je lui murmurai : « Sois gentil avec Janet et sa maman. Pas question de déposer des mulots sur le pas de leur porte, à côté du journal du matin. Pas question non plus d'aller demander à manger aux monsieurs qui construisent la maison d'en face, compris ? Je déposai un baiser sur le petit cercle noir qui coiffait la tête de Snoonie. Je serai de retour dans trois semaines », ajoutai-je en le replaçant sous le bosquet.

Nous sommes rentrés d'Atlantic City au début de septembre. J'étais pressée de sortir de la voiture pour appeler mon chat. Je fouillai les bois en criant son nom. Pas de réponse. Aucun signe de lui. Un terrible pressentiment commença à m'envahir et je courus jusque chez mon amie pour apprendre que Snoonie avait disparu depuis une semaine. Janet et sa mère l'avaient cherché partout dans le quartier et pris soin de laisser un bol de nourriture à la porte. Je chassai de mon esprit la pensée qu'il pouvait avoir été écrasé par une voiture et me convainquis qu'il allait revenir.

Un après-midi, un ouvrier du chantier de construction en face me fit signe de la main.

« Je t'entends appeler Snoonie tous les jours. S'agit-il d'un chat, d'un chien ou quoi ? » me demanda-t-il.

« C'est mon chat. Il est noir et blanc avec un cercle noir sur la tête. Nous sommes partis en vacances pendant trois semaines et je ne le retrouve plus. » J'essayai de ne pas pleurer, mais impossible de retenir mes larmes.

L'ouvrier retira sa casquette et se gratta la tête en réfléchissant. « Noir et blanc, dis-tu. Oui, on l'a vu souvent par ici. Le plombier lui donnait du thon à l'heure du lunch. Quand l'ouvrier a quitté le chantier parce qu'il avait fini son travail, il a pensé que c'était un chat abandonné et il l'a emmené chez lui. »

« Où habite-t-il ? m'exclamai-je avec soulagement. Je vais demander à mon père de me conduire là-bas pour aller chercher Snoonie. »

« Je ne peux pas t'aider, petite. Tout ce que je sais, c'est qu'il s'appelle Frank et qu'il habite en ville, à des kilomètres d'ici. »

Je me précipitai à la maison en pleurant. Mes parents questionnèrent l'entrepreneur qui dirigeait les travaux, mais celui-ci n'avait aucun renseignement sur Frank. Ils me firent asseoir pour me dire les mots que je ne voulais pas entendre : Snoonie avait disparu. « Nous allons te trouver un autre chaton », dit ma mère pour tenter de ramener mon sourire. Mais je ne voulais pas d'un autre chat. Je voulais retrouver mon Snoonie.

L'hiver arriva et la neige recouvrait tout de son blanc manteau. Je m'assoyais souvent sur le divan près de la fenêtre au bord de laquelle Snoonie avait l'habitude de s'installer pour regarder dehors. Même s'il n'était pas là, je pensais à lui dans mes prières et je demandais à Dieu de me le ramener.

Un soir, que je n'oublierai jamais, alors que j'étais assise dans le fauteuil, je vis quelque chose bouger dehors. Je regardai par la fenêtre et j'aperçus sur le seuil un chat noir et blanc trempé et décharné. Je criai : « C'est Snoonie ! C'est Snoonie ! » Mon brave Snoonie avait réussi, on ne sait comment, à retrouver sa maison. Nous étions si heureux et nous mîmes tout en oeuvre pour le remettre en forme.

Quelques jours plus tard, on frappa à la porte. C'était un étranger du nom de Frank. Mon père l'invita à entrer. Il expliqua qu'il avait rencontré l'entrepreneur et appris que nous cherchions Snoonie. Il s'excusa de l'avoir emmené chez lui en ajoutant qu'il nous aurait bien volontiers rapporté notre chat mais que celui-ci avait disparu depuis longtemps et qu'il craignait qu'il n'ait été écrasé par une voiture. Mon père éclata de rire et dit : « Venez voir ! » Il conduisit Frank près de la bouche de ventilation de la salle à manger où Snoonie dormait paisiblement sur sa couverture.

« Je n'en crois pas mes yeux », s'exclama Frank en se penchant pour caresser la tête de Snoonie. Quand nous lui avons dit la date à laquelle notre chat était revenu et dans quel état il se trouvait, Frank a déclaré : « C'est un miracle. Il a dû marcher pendant près de deux mois. J'habite en ville, à plus de cinquante kilomètres d'ici. Il regarda tendrement mon chat qui ronronnait et dit : eh bien, on peut dire qu'il a dû trouver la route un peu longue ! »

Joan Roelke

BÉBÉ MARC

*M*on gendre et moi venions de passer trois jours interminables dans la chambre de quatre mètres sur quatre où ma fille était en phase de travail. Un peu avant minuit, le médecin renonça à un accouchement par voie naturelle et décida de faire une césarienne. Lorsque je demandai si j'allais quand même pouvoir assister à la naissance de mon petit-fils, on me répondit que seul le père était admis dans le bloc opératoire. Le médecin suggéra à mon gendre de prendre une pause tandis qu'on préparait ma fille pour la chirurgie. C'est ce qu'il fit mais, au retour, il resta coincé dans l'ascenseur entre deux étages ! Les infirmières me passèrent donc les vêtements nécessaires pour que je puisse rester auprès de ma fille à la place de son mari.

Le docteur pratiquait l'incision au moment où j'entrai dans la salle d'opération. Je m'assis près de la tête de ma fille. On lui avait administré un sédatif mais elle était consciente et je comprenais sa déception que son mari ne puisse être là pour la réconforter entre les contractions.

Au moment où l'infirmière a soulevé le bébé pour le montrer à ma fille, celui-ci est passé du bleu rosé au gris et sa petite tête s'est affaissée. J'étais bouleversée et inquiète mais je réussis tout de même à continuer de caresser la tête de ma fille en lui parlant des longs cheveux noirs de son bébé et à quel point il était beau. L'infirmière confirma mes craintes lorsque je l'entendis dire au bébé : « Respire, petit, respire ! » La respiration de ma fille s'accéléra et elle étira la tête pour tenter de voir au-dessus du champ opératoire.

« Votre bébé n'est pas bien du tout », déclara l'infirmière en se dirigeant vivement vers l'unité des soins intensifs avec le bébé dans les bras. À mi-chemin, elle se retourna pour me demander : « Venez-vous avec moi ? » Moi aux soins intensifs ? Certainement pas. La douleur me clouait sur la chaise en plastique orange. Je ne pouvais supporter l'idée de créer un lien avec un enfant qui allait peut-être mourir. Je regardai ma fille et lui demandai : « Veux-tu que j'accompagne le bébé ? » Elle s'enfonça dans les draps, ferma les yeux et fit oui de la tête.

Trois médecins et six infirmières s'occupaient de mon petit-fils aux soins intensifs. Ils me demandèrent de m'approcher mais je refusai. Tandis que le nouveau-né s'accrochait à la vie à l'aide d'un respirateur, les infirmières lui inséraient tube après tube tout en le caressant avec tendresse. « Allez, bébé, allez. Reste avec nous », lui disaient-elles.

Finalement, quelque chose a éclaté en moi. « Il s'appelle *Marc* ! » leur criai-je. Tout le personnel s'arrêta et me regarda. Je me sentis devenir aussi petite que le bébé. Les moniteurs ronronnaient et bipaient. Quelqu'un a dit : « Continuez », et chacun a repris son travail. Je venais de me rappeler qu'au début de sa grossesse, ma fille avait mentionné six prénoms, dont celui de Marc. Les infirmières ont inscrit ce prénom sur tous les instruments qui étaient rattachés à lui, et cela scella mon lien avec lui qui, je le savais désormais, n'allait pas mourir.

Avec le plus de tact possible, les médecins me donnèrent l'horrible pronostic une étape à la fois. Marc avait les poumons remplis de liquide, il était incapable de respirer par lui-même, on soupçonnait des problèmes cardiaques ainsi qu'une méningite cérébro-spinale. « Priez », me dit un médecin. Même si j'ai toujours cru en Dieu, je n'avais pas beaucoup d'espoir après avoir entendu le diagnostic. J'avais connu un grand nombre de mères et de grand-mères qui avaient prié Dieu de tout leur coeur et qui n'en n'avaient pas moins perdu leur bébé.

Le mari de ma fille étant revenu à ses côtés, on roula le lit de celle-ci jusqu'aux soins intensifs et les médecins expliquèrent de nouveau la situation. Ma fille m'a regardée en me demandant : « Maman, il va s'en sortir, n'est-ce pas ? » J'avais toujours fait en sorte que tout aille bien pour ma fille et je savais qu'elle voulait m'entendre dire oui, mais je ne pouvais pas lui mentir. J'ai donc tenté de la rassurer mais sans lui faire de promesses.

Quelques instants plus tard, très soudainement, ma fille s'est assise toute droite dans son lit et s'est écriée avec la plus grande des convictions : « Maman, il va s'en sortir ! Je le sais ! » Puis elle a parlé d'une présence d'amour dans la chambre que j'ai également ressentie autour de nous. Nous savions toutes les deux que le petit vivrait.

Dans les heures qui ont suivi, mon petit-fils a commencé à respirer par lui-même. Chaque fois que je quittais la chambre de ma fille pour aller le voir, on lui avait enlevé un tube de plus. Il a avalé son premier boire en deux gorgées et il fallut consulter son médecin pour savoir si on pouvait lui donner un second biberon. Une infirmière vint nous annoncer la bonne nouvelle. « Marc est maintenant dans un état stable », nous dit-elle avec un large sourire.

Oups... Dans l'excitation, j'avais oublié de le lui dire ! Ma fille, intriguée, s'est en effet tournée vers l'infirmière en lui demandant : « Mais qui donc est *Marc* ? »

Judith McClure

UNE MOISSON GÉNÉREUSE

*L*orsque notre première fille est née, je n'ai pas hésité à quitter une carrière intéressante pour me consacrer à ma nouvelle famille. Au fil des ans, je n'ai jamais regretté ma décision. J'ai savouré ma vie d'épouse et de mère. En dehors du bien-être et du réconfort d'une vie de couple satisfaisante ainsi que des superbes moments passés auprès de mes petits, ma vie de femme au foyer m'a apporté quelques récompenses supplémentaires. Je suis devenue un peintre hors pair, un plâtrier chevronné, un charpentier très convenable et une personne à tout faire de premier ordre. Nos nombreux déménagements dus à la carrière de mon mari ont fait de moi une experte en emballage et en expédition. Mes talents artistiques se sont révélés comme couturière pour mes enfants et comme décoratrice des différentes maisons que nous avons habitées.

Quinze ans plus tard, la vie que j'avais choisie a pris un tournant décisif lorsque j'ai dû retourner sur le marché du travail pour gagner ma vie. En effet, malgré une longue thérapie conjugale, la communication avec mon mari s'était rompue et notre mariage s'est écroulé. Nous avions évolué sur des chemins différents et cela nous a conduits à un divorce très difficile.

Encore sous le coup de cette pénible séparation, je me débattais tant bien que mal avec les exigences d'élever trois enfants seule. En dehors de mon travail, deux adolescents et une petite de neuf ans occupaient tout mon temps. Jongler avec des ressources réduites était devenu mon lot quotidien. Hantée par la culpabilité, je devais accepter de voir mes enfants se contenter de moins puisque je n'étais pas en mesure de leur offrir davantage.

Donner à mes enfants le soutien moral et le temps dont chacun avait besoin est vite devenu mon plus grand défi comme parent seul. Les conflits d'horaires étaient plus que fréquents. Ma joie de vivre, mon énergie et mon estime personnelle se sont effritées au fil des jours. Je savais que j'avais toujours été une mère aimante et tendre, mais je commençais à remettre en question mes aptitudes parentales. Étais-je trop rigoureuse ou trop conciliante ? Accordais-je suffisamment d'attention à mes enfants ? Donnais-je le bon exemple ? Et surtout, mes enfants apprenaient-ils les valeurs que je cherchais tant à leur inculquer ? Savaient-ils à quel point je les aimais ? J'avais l'impression d'avoir échoué.

Ma fille aînée, une adolescente plutôt discrète et réservée s'était jointe à la troupe de théâtre de l'école et avait commencé à jouer dans des pièces. Ce nouvel aspect de sa personnalité m'étonnait et me ravissait en même temps. Le soir où elle jouait pour la première fois devant public, j'avais pris place tout en avant. Ne pouvant me permettre de lui acheter des roses, je lui avais composé un joli bouquet de fleurs mélangées attachées par des rubans de toutes les couleurs.

À la fin de la pièce, lorsque la troupe s'est mise en rang pour saluer, mon fils est monté sur la scène remettre le bouquet à sa soeur. Elle rayonnait de joie. Pourtant, après que le rideau se soit fermé puis rouvert pour les salutations de chaque comédien, elle est réapparue sans le bouquet. J'étais convaincue qu'elle avait été contrariée de ne pas recevoir des roses, comme certaines de ses compagnes. Avec l'impression de l'avoir déçue une fois de plus, je me mis à pleurer. Puis je remarquai que les comédiennes revenaient sur la scène avec chacune un petit bouquet dans les mains. C'est alors que les larmes se mirent à rouler abondamment sur mes joues car je venais de me rendre compte que ma fille avait divisé son bouquet de façon à ce que toutes ses amies aient des fleurs pour les applaudissements de la fin.

Ce moment merveilleux, presque magique, ce geste d'immense gentillesse et de générosité m'a beaucoup émue. Je compris qu'elle avait appris à faire plus avec moins. Elle me prouvait qu'elle avait surmonté la douleur du divorce de ses parents. De même que son frère et sa soeur. Et moi aussi.

Patricia Kulzer

THELMA SAUVE LOUISE

*J*e ne voulais pas adopter ces deux petites boules de poil. Il y avait à peine sept semaines que Shauna, ma chatte écaille de tortue, ma merveilleuse compagne et amie, était morte. Pendant dix-sept ans, elle avait traversé avec moi les hauts et les bas de la vie sans jamais porter de jugement. Elle connaissait tous mes secrets et ne les avait jamais révélés à personne. Son amour était inconditionnel et le mien aussi.

J'étais allée la chercher dans un refuge à Green Bay, dans le Wisconsin. Dès que je l'ai prise dans mes bras, j'ai su que nous étions faites l'une pour l'autre. Elle a posé ses petites pattes de chaque côté de mon cou, y a enfoncé la tête et s'est mise à ronronner. Je ne sais pas laquelle des deux a choisi l'autre.

Je vivais encore ce deuil immense lorsque mon amie Linda s'est pointée à ma porte un matin, avec deux chatons. « Ils n'ont nulle part où aller ! Regarde leurs gentils minois, Joanne. Il faut que tu les sauves ! » J'étais déchirée, pas du tout prête à accueillir un nouveau chat dans ma vie, deux encore moins, et pourtant j'ai accepté.

Le lendemain, je me suis éveillée avec ces deux petites boules toutes fringantes qui sautaient sur mon lit et qui, avec leurs grands yeux, semblaient se demander pourquoi je tardais à me lever pour jouer avec elles. Je pensai à Shauna qui, il n'y a pas si longtemps, serait restée blottie contre moi en se demandant plutôt pourquoi je ne restais pas au lit plus longtemps. J'ai regardé les deux petites créatures droit dans les yeux en comprenant que nous étions désormais destinées à passer de nombreuses années ensemble et je me suis demandé : Comment cela est-il arrivé ? Qui êtes-vous donc toutes les deux ?

Il n'a pas fallu longtemps pour que la magie s'installe. J'ai baptisé mes nouvelles compagnes Thelma et Louise. Sans jamais pouvoir remplacer Shauna, elles ont quand même frayé leur chemin jusqu'à mon coeur, au point que je ne puisse plus envisager la vie sans elles.

Environ six mois plus tard, un matin, je me préparais à partir travailler. Je dis au revoir à Louise puis m'apprêtai à m'adresser à Thelma quand je remarquai son étrange comportement. Je me rendis dans la cuisine pour l'observer de plus près. Elle se tenait dans un coin en miaulant et en sautant et frappait contre le mur. Je ne l'avais jamais vue agir de la sorte. Je lui demandai : « Thelma, mais qu'est-ce que tu fais ? » Elle m'ignora et continua son manège : miauler et frapper contre le mur. Je m'approchai et touchai la surface. Celle-ci était brûlante ! Je glissai ma main vers le haut du mur et plus près de la prise, je me brûlai. Mon Dieu ! Il y avait le feu dans le mur !

Cinq minutes plus tard, deux pompiers enfonçaient une hache dans le mur de ma cuisine et éteignaient un incendie causé par des fils électriques. Je fixais Thelma en pensant : Comment a-t-elle pu savoir ?

Quand ce fut fini, l'un des pompiers m'a dit : « C'est une chance que vous nous ayez appelés. Si vous étiez partie travailler, je crains que vous n'auriez plus eu de maison en rentrant. »

Après qu'il soit parti, je restai plantée là, mes chatons dans les bras, à regarder le trou dans le mur. Je donnai des tas de bisous à Thelma en lui répétant à quel point elle avait été merveilleuse. Trop occupée pour écouter d'autres louanges, elle a sauté par terre et s'intéressa sans plus tarder à une lime d'émeri qui traînait là, la faisant tournoyer en l'air puis la ramassant et la transportant dans sa gueule, comme une lionne, sa proie.

Thelma et Louise aiment toutes les deux venir se blottir contre moi le soir et me faire de gros câlins. Elles occupent maintenant une grande place dans mon coeur, avec Shauna.

Ce jour-là, quand je me suis finalement rendue au travail, la nouvelle s'est vite répandue comme une traînée de poudre. Tout le monde savait désormais que Thelma était une héroïne. À la fin de la journée, en vérifiant ma boîte aux lettres, je découvris qu'une collègue y avait laissé un dessin qui montrait un avion en flammes avec un caniche aux commandes. La bulle disait ceci : « Fifi, notre sauveur ! »

Le fait de nous avoir sauvées n'est pas monté à la tête de Thelma. Elle continue d'attaquer les limes d'émeri, de marcher sur le rebord de la baignoire (et d'y tomber de temps en temps) et de sauter sur mes orteils lorsque je les fais bouger sous les couvertures.

Je croyais avoir sauvé ces deux petites chattes en les recueillant chez moi, mais je crois bien que c'est plutôt elles qui m'ont sauvé la vie.

Joanne McCall

II

LES MAMANS ONT TOUJOURS RAISON

« La biologie a si peu à voir avec le fait d'être mère ! »

—Oprah Winfrey

CES LIENS
QUE L'ON TISSE À JAMAIS

*L*orsque notre fils Rick nous a annoncé qu'il allait épouser Amy, mon mari et moi étions ravis. Ce jeune couple heureux, dans la vingtaine, musiciens rock tous les deux, avait absolument tout en commun, y compris deux mères qui les adoraient.

Le mariage étant prévu un an plus tard, la maman d'Amy et moi avons uni nos efforts pour aider les tourtereaux à organiser un mariage parfait.

Généralement, toutes les personnes qui comptent dans la vie des futurs mariés sont conviées à la cérémonie. Bien que tous les deux soient très fonctionnels, ils n'en transportent pas moins un passé qu'ils auraient souhaité différent. La vie familiale et l'organisation sont compliquées pour les enfants du divorce.

Le père de Rick a quitté la maison il y a quinze ans et déménagé dans un autre état pour se marier avec « l'autre femme ». J'ai épousé Eric quatre ans plus tard. Le sentiment d'abandon que Rick éprouvait à cause de l'absence de son père alimentait une réaction de culpabilité chez celui-ci, qui prétendait que son fils ne voulait que de l'argent quand ils se voyaient. Comme leurs rencontres étaient épisodiques, le manque de contact au fil des ans n'a pas favorisé la relation entre eux. Quant au père d'Amy, c'était sensiblement pareil. Il vivait dans la même ville mais elle ne l'avait pas revu depuis quatorze ans; pourtant, elle aurait tant souhaité son amour et son attention.

Environ six mois avant le mariage, Amy décida d'écrire à son père. Elle lui parla d'elle, de ce qu'elle était devenue et lui demanda de répondre. Il le fit et la félicita mais ne suggéra pas qu'ils se revoient.

La future mariée rédigea elle-même ses cartons d'invitation et en envoya un à son papa. Le père de Rick déclina sous prétexte que son nom ne figurait pas dans l'invitation. Rick fut déçu mais pas vraiment surpris. Un jour, en rentrant du travail, c'est avec émotion qu'Amy écouta le message de son père sur son répondeur : « Amy, c'est ton père. Je serai honoré d'être présent à ton mariage. » La preuve que le monde du divorce est rempli de paradoxes.

Nous avons loué une petite auberge pour une journée et demie. La cérémonie aurait lieu dans le grand salon, et les mariés, les oncles, les tantes, les frères et les soeurs pourraient rester dormir à l'étage. La maison ancestrale avec son mobilier d'époque, ses magnifiques moulures en acajou, le jaune provençal des murs ainsi que les chandeliers en bronze et en cristal composaient un décor élégant convenant parfaitement aux goûts d'Amy. Pour mettre en valeur sa robe ivoire, elle avait demandé aux garçons d'honneur de porter des costumes sombres et à ses dames d'honneur de choisir une robe longue noire. Les bouquets étaient formés de branches de petits fruits, d'hortensias séchées et de feuilles d'automne, le tout attaché par des rubans de couleur cuivre.

Le jour du mariage, les arbres resplendissaient de tous leurs feux, dans la fraîcheur ensoleillée de l'automne. La porte d'entrée de l'auberge était toute grande ouverte pour accueillir les invités. Je reconnus sans peine le père d'Amy, de par la description que m'en avait faite sa mère. Je savais que la future mariée rêvait d'être escortée par son père dans l'allée menant jusqu'à la véranda, d'où elle ferait son entrée officielle par la grande porte. Étant on ne peut plus d'accord avec cette idée, j'allai en faire la demande à son père. Il était nerveux mais ravi d'accepter.

Lorsque la magnifique mariée et son père arrivèrent dans le hall d'entrée, Amy s'arrêta et embrassa son père dans le cou avant de lui lâcher le bras et de se diriger vers Rick, après avoir pris quelques bonnes respirations, à cause de l'émotion.

Notons que toute la cérémonie n'était pas entièrement solennelle. Rick et Amy avaient en effet souhaité choisir celui qui allait les unir. Comme ils ne voulaient pas d'un mariage dans une religion en particulier, ils avaient opté pour un membre du clergé ayant obtenu ses lettres de noblesse par correspondance dans le magazine *Rolling Stone*. L'assistance a jugé à l'unanimité que le pauvre n'avait pas toute sa tête ce jour-là. Nous en avons été tout à fait sûrs à la fin de la cérémonie lorsqu'il a présenté les nouveaux mariés comme « Madame et Madame Rick Bain ».

Lorsque la maman d'Amy a gracieusement accepté que le père d'Amy joue un rôle important dans la cérémonie et que celui-ci a saisi l'occasion, cela a permis à Amy de panser de vieilles blessures. Lorsque Rick a fait son deuil de la présence de son père à son mariage, il a pu jouir davantage de celle de tous ceux et celles qui l'aiment et désiraient lui souhaiter le meilleur. Ils sont ainsi parvenus à réaliser un mariage parfait dans un monde imparfait.

Après une réception très réussie et un bon dîner, les nouveaux mariés sont montés à leur chambre. Environ dix minutes plus tard, l'aubergiste vint informer la maman d'Amy et moi que nos enfants voulaient que nous allions leur souhaiter une bonne nuit. Nous sommes donc allées frapper doucement à leur porte et nous sommes entrées dans la suite conjugale aux lumières tamisées par des lampes antiques.

Enveloppés dans les peignoirs blancs fournis par l'auberge, ils étaient allongés sous les couvertures et arboraient un grand sourire. Dans leurs yeux, on pouvait lire l'amour et le bonheur.

Un peu comme des mamans ourses, unies par notre attachement inconditionnel à nos petits, nous sommes allées de chaque côté du lit et avons bordé nos enfants puis, symboliquement, avons interchangé nos places pour les border une deuxième fois, scellant ainsi à jamais des liens indéfectibles.

Kay Allenbaugh

LA RAISON D'ÊTRE DE SAM

*D*epuis de nombreuses années à présent, j'accompagne les mourants. « Comment fais-tu ? me demande-t-on souvent. Soigner des gens âgés doit être tellement difficile. Comment peut-on vivre entourée de tant de souffrances ? » Ce que ces personnes ne comprennent pas, c'est que lorsqu'on a le courage de regarder au-delà de la souffrance, on trouve la force. Lorsqu'on a la patience de défier la difformité, c'est le triomphe qui nous attend. Je n'ai aucun doute là-dessus. C'est Sam qui me l'a enseigné.

Oui, c'était un professeur imprévu, ce nouveau-né qu'aux dires du pédiatre, je ne pouvais pas ramener avec moi à la maison. J'étais alors une jeune maman de vingt ans et la déception était vive, mais elle fut vite remplacée par le chavirement lorsque le médecin parla de problèmes graves et de la nécessité de procéder à des examens plus approfondis. Après le choc, l'incrédulité s'empara de moi lorsqu'il m'annonça que l'état de Sam ne s'améliorerait pas. Quand je trouvai la force de demander faiblement ce qu'on pouvait faire, il se montra presque irrité par mon incompréhension. Alors, pour mettre un terme à la conversation une fois pour toutes, il me déclara abruptement : « Madame, votre bébé est atteint d'un grave retard mental. Il ne pourra probablement jamais se retourner seul, ni s'asseoir seul, ni ramper, ni marcher, ni parler. » Puis, se ravisant, il se fit paternel et me conseilla : « Vous êtes jeune et en santé. Vous pouvez avoir d'autres enfants. Vous devriez songer à placer celui-ci en institut. » Je cessai de l'écouter et me dirigeai vers mon lit. Je tirai le rideau entre le reste du monde et moi et me mis à pleurer le plus doucement possible. Mais en jetant un coup d'oeil à la layette de mon petit, j'éclatai en sanglots.

Au cours de la première semaine, je me rendis tous les jours à l'hôpital fixer en silence mon bébé à travers la vitre de la pouponnière en mourant d'envie de le prendre dans mes bras pour le réconforter et me réconforter moi-même. Après chaque visite, je pleurais pendant des heures. Je m'éveillais toutes les nuits, croyant vivre un cauchemar qui se révélait chaque fois, hélas, être la réalité. Au début de la deuxième semaine, je commençai à me sentir plus forte. Je cessai de pleurer sans arrêt et de m'apitoyer sur mon sort. Sam avait besoin de moi.

Mon petit garçon, atteint de paralysie cérébrale et de handicaps visuels et auditifs graves, est revenu avec moi à la maison au bout d'un mois. Bien sûr, sa vie n'a pas été facile. Il a toujours eu du mal à tenir un crayon. Il n'a jamais pu entendre la musique du camion de crème glacée, qui met les enfants en joie l'été. Personne ne lui a jamais proposé de faire partie de l'équipe de foot avec les autres enfants du quartier. Pourtant, il a déjoué toutes les prévisions, toutes les limites que les médecins avaient annoncées, par manque de confiance dans les capacités de mon fils. Grâce à des heures et des heures de thérapie, à beaucoup d'amour, d'encouragements et, surtout, à sa formidable motivation, il a appris à parler, à lire, à écrire et, à neuf ans, il pouvait marcher seul. Étrangement, en même temps que Sam apprenait à marcher, je découvrais mon autonomie. En même temps qu'il apprenait à parler, je redécouvrais ma propre voix. La première fois qu'il a fait une blague et qu'un étranger a éclaté d'un grand rire franc, j'ai découvert la valeur inestimable de la vie, n'importe laquelle, lorsqu'elle est bien vécue.

À cause de Sam, je ressentis le besoin urgent de trouver ma spiritualité, la partie de moi que je ne connaissais pas encore.

Cette démarche m'a conduite à un divorce humiliant, quantité de déménagements, des études et une carrière en gériatrie. Sam m'avait donné le courage de transformer ma vie pour la remplir d'amour plutôt que de confort stérile. Sam avait besoin de quelqu'un qui puisse répondre et parler à sa place. Il lui fallait quelqu'un pour commencer à remettre le monde à l'endroit.

Ce jour-là, dans la pouponnière, il y a trente-trois ans, j'ai compris que mon fils comptait sur moi pour y arriver, et c'est la raison pour laquelle je suis devenue la personne que je suis. Grâce au soutien de mon petit, je suis devenue la maman dont il avait besoin. En même temps, cela m'a permis de devenir la femme que j'avais toujours rêvé d'être.

Linda Ray

« Ma mère téléphone tous les jours pour me demander :
' Est-ce que tu viens d'essayer d'appeler ? ' Lorsque je lui
réponds non, elle ajoute : ' Si tu n'es pas trop occupée,
téléphone-moi pendant que je suis encore en vie ',
puis elle raccroche. »
—Erma Bombeck

CHÈRE PETITE

L e 2 mai 1926, mes parents se sont mariés et ils le sont restés pendant plus de soixante-sept ans. Durant les quinze dernières années, ils passaient la moitié du temps à s'engueuler en Floride et l'autre moitié à faire la même chose à New York. Lorsqu'ils se trouvaient en Floride, ma mère aimait beaucoup que je lui écrive, mais mes nombreux voyages et mes conférences m'en empêchaient souvent puisque chacun sait qu'il est très difficile d'écrire et de conduire en même temps. Par conséquent, j'avais l'habitude de lui téléphoner. Elle m'envoyait parfois un petit mot par la suite. Voici l'une de ces lettres :

Très chère fille,
C'était un plaisir d'entendre ta voix, mais je préfère quand tu m'écris parce que je peux relire tes lettres. J'ai hâte de te voir ainsi que les enfants. Comment vont-ils ? Ont-ils de bonnes notes à l'école ? Le film que vous avez vu semble intéressant. Où êtes-vous allés manger ? Nous vous aimons très fort. Embrasse les enfants pour nous.

Juste papa et moi

Alors, je vous le demande, est-ce de l'humilité ? « Juste papa et moi ». Que penserait-on d'un avis d'éviction qui serait signé « Juste le propriétaire » ?

Quoi qu'il en soit, comment aurais-je pu priver ma chère mère de lettres puisqu'elle aimait tellement les lire et les relire ? Je décidai donc de lui écrire et voici sa réponse :

Chère cadette,
Je suis vraiment ravie que ma fille ait trouvé une minute pour m'écrire, après deux mois de vacances. Je ne comprends pas ton travail auprès des gens âgés. Que leur enseignes-tu donc ? À ton âge, il me semble que ce sont eux qui auraient des leçons à te donner ! Tant mieux que tu aies eu cet article à m'envoyer car, autrement, je n'aurais sûrement pas encore reçu ta lettre. De toute façon, je t'aime et je suis heureuse de savoir que ta vie te plaît. Continue comme ça, je t'en prie ! Embrasse bien fort les petits pour moi.
Ton père et ta mère qui t'aiment

Ensuite, je me décidai à lui écrire une longue lettre. Je lui téléphonai pour l'informer que je venais de lui envoyer la plus longue lettre que j'avais jamais écrite et qu'ainsi, elle n'aurait plus à se plaindre. Pas vrai ? Eh bien, non ! Voici sa réponse :

Chère Joyce,
C'est vrai que c'était une longue lettre, mais une lettre reste une lettre. D'ailleurs, il ne t'a fallu qu'un seul timbre, ce qui confirme qu'il s'agit bien d'une seule lettre. Il faudra que tu m'écrives de nouveau et sans tarder. Je n'arrive jamais à te joindre au téléphone. T'arrive-t-il de te libérer de temps en temps ? J'ai essayé de t'appeler au moins six fois et la ligne était toujours occupée; et pour finir, c'était le répondeur. J'abandonne. Téléphone-moi donc toi : je te rembourserai les frais.
Ton père et ta mère qui t'aiment

Et maintenant, la pièce de résistance. J'avais besoin d'un long manteau de fourrure avec un capuchon pour me garder au chaud quand mes conférences m'amenaient dans des coins très froids du pays, en plein hiver. J'ai cherché ce genre de manteau chez tous les fourreurs de Hartford et de New Haven, mais je n'avais pas les moyens de m'offrir ceux qu'on me proposait. Finalement, je songeai au vieux fourreur de la famille et j'appelai ma mère en Floride pour lui demander si M. Walowitz exploitait toujours son entreprise à Brooklyn. Elle me répondit que oui et que son fils travaillait désormais avec lui, de même que son petit-fils âgé de vingt-trois ans déjà. « Appelle-le et je suis sûre qu'il pourra te faire un manteau dans tes prix. » Lorsque j'informai ma mère que j'avais commandé un manteau à Walowitz, voici ce qu'elle m'a écrit :

Chère petite,

Je pense que tu as bien fait de t'adresser à Walowitz. J'ai toujours été contente de tous les manteaux qu'il a fabriqués pour moi. Cependant, tu devrais lui demander de te rembourser tes déplacements à Brooklyn, et puis pas question de payer les taxes. DIS-LUI QUE C'EST MOI QUI LE LUI DEMANDE. Explique à Walowitz qu'il t'en coûte 25 $ chaque fois que tu te rends à Brooklyn et dis-lui que tu ne lui factureras pas le temps de ces déplacements. Je ne plaisante pas. Il te doit quelque chose. Rappelle-lui qu'il ne t'avait pas offert de cadeau à ton mariage !

Ton père et ta mère qui t'aiment

Récemment, à la fin de mes conférences sur l'importance de l'humour dans la vie, un charmant monsieur chinois vint me trouver et me dit : « Joyce, je veux que vous sachiez qu'après avoir entendu le récit des lettres de votre mère, je comprends à présent que toutes les mamans du monde se ressemblent. De plus, je réalise que ma mère doit être juive ! »

Joyce M. Saltman

50

LUCIE, ESTELLE ET MOI

« Maman, écoute ! de s'exclamer ma petite Meredith de huit ans en tirant sur mon bras. Lucie et Estelle travaillent à l'usine de chocolat pour se faire un peu d'argent. C'est facile au début, mais au bout d'un moment, le chocolat défile de plus en plus vite. » Elle fit une pause pour rattraper son souffle. « Alors, elles le mangent et elles s'en remplissent la bouche. Malgré tout, le chocolat continue d'arriver trop vite. Maman ! »

« J'écoute, dis-je en soupirant, mais j'essaie de me préparer pour ma présentation de demain. »

« Puis-je t'aider ? »

« Pas ce soir. Je suis trop pressée. » Je me dirigeai vers mes deux valises noires et mes piles d'échantillons — des polos brodés et des chemisiers élégants — fraîchement repassés et pliés.

« J'aimais mieux quand tu avais ton poste d'avant. » Meredith se tenait près de moi, en chemise de nuit, ses longs cheveux bruns retenus en queue de cheval. Je remarquai ses taches de rousseur de chaque côté de son petit nez retroussé quand elle m'a regardée de plus près avec ses grands yeux noirs, dans l'attente d'un commentaire. Comme je ne disais rien, elle est partie en traînant le pas pour aller regarder la télé. J'emballai mes échantillons et réglai le réveil en redoutant les trois heures de route à parcourir pour arriver à mon rendez-vous de neuf heures.

Mon contact pour la réunion avait déjà visité notre usine. Nous avions regardé ensemble les t-shirts vierges tourner d'une machine à l'autre sur l'imprimante automatique de tissus tandis que des raclettes poussaient une myriade d'encres épaisses à travers le cadre, pour créer des dessins élaborés. Des couturières aux doigts agiles poussaient des panneaux de casquettes en tissu sous le va-et-vient incessant des aiguilles. Des imprimeurs aux mains tachées d'encre empilaient des feuilles de papier dans des presses Heidelberg qui crachaient des bulletins d'information ce jour-là. Qui n'apprécierait pas de trouver sous un même toit des services de sérigraphie, de fabrication de casquettes et de broderie ainsi que des services de design et d'impression offset ayant remporté des prix d'excellence ?

Voilà pourquoi j'avais accepté l'offre de cette entreprise en pleine expansion, deux ans auparavant. Je disais à mes amis : « J'ai trouvé mon créneau. Je vais enfin pouvoir exploiter mes talents de création. » Malheureusement, je compris rapidement que la compagnie connaissait de graves problèmes associés à sa croissance. Mon ambition de produire des brochures et des campagnes publicitaires en quatre couleurs s'est vite éteinte dans la vente de services de marketing, la gestion de représentants et de problèmes de production, sans compter la préparation de rapports bancaires de dernière minute. Nous nous étions garanti des projets à l'échelle nationale, mais ça n'a pas suffi. L'entreprise a été vendue. À présent, je m'empressais d'apprendre le contenu des catalogues et des listes de prix parce que je n'avais pas le temps de m'initier aux subtilités de la vente de vêtements au quotidien.

« Vous avez l'air épuisée », me dit la réceptionniste le matin du lendemain de ma présentation lorsque je lui demandai si j'avais des messages. J'essayai de sourire. « J'ai obtenu le client », dis-je en me précipitant dans mon bureau où m'attendait une montagne de paperasse. Je regardai la photo de Meredith, prise en deuxième année. Son sourire me fit un pincement au coeur. Je regrettais le temps où j'étais plus disponible pour elle. Avions-nous passé suffisamment de temps ensemble, récemment ?

Je n'eus pas celui d'y réfléchir, en tout cas. Les employés se mirent à envahir mon bureau, leur chèque de paie à la main. Chacun disait la même chose : « Avez-vous vu ça ? » Une note de service de la direction accompagnait le chèque et se lisait comme suit : « Un numéro a été assigné à chaque employé. Chacun doit désormais s'enregistrer à l'entrée et à la sortie. Par ailleurs, nous sommes présentement en train de revoir le programme d'avantages sociaux. »

À titre de vice-présidente, je tentai de les rassurer : « Le nouveau propriétaire possède les fonds de roulement nécessaire pour que l'entreprise puisse continuer de fonctionner. » Au fond, je m'inquiétais moi aussi. Son plan de redressement signifiait peut-être ma mise à pied.

Au cours des semaines qui suivirent, mon assistant démissionna et d'autres trouvèrent des lettres de cessation d'emploi sur leur bureau. Le moral des troupes dégringola, la colère se mit à gronder et même les plus anciens employés maugréaient : « Nous n'avons plus de plaisir à travailler ici. » De plus en plus de clients réclamaient mon attention. Mais devais-je renoncer à mon salaire pour autant ? Quand toutes les lignes de téléphone se sont mises à sonner en même temps, je ne savais plus où donner de la tête, tout comme dans le cauchemar de Lucie et d'Estelle, à l'usine de chocolat.

Quelques semaines plus tard, je rentrai tard à la maison, après une réunion qui s'était éternisée. Je me glissai tout doucement dans la chambre de Meredith pour la regarder dormir. La pendule faisait tic-tac. J'avais l'impression que ma fille avait grandi pendant que j'étais partie. Je lui laissai un mot sur sa table de chevet : « Amuse-toi bien à l'école. Ta maman qui t'aime. » Au bout d'un moment, je déposai un baiser sur son front.

« Maman, dit-elle en ouvrant les yeux, est-ce que gagner sa vie, ça veut dire que la vie est un cadeau ? *La vérité sort de la bouche des enfants...*

La réponse était facile : « Non », dis-je, sachant déjà que la lettre que j'allais rédiger une fois que Meredith serait profondément endormie commencerait par ces mots : « C'est avec regret que je vous remets ma démission....»

Debra Ayers Brown

« C'est avec du lait et des éloges qu'on nourrit un enfant. »
—Mary Lamb

LA LISTE DES « JE SUIS »

l n'est pas facile d'inculquer la discipline à nos enfants. C'est même la tâche la plus ardue qui soit.

Les parents d'aujourd'hui ont souvent été élevés avec la fessée, une méthode que la génération précédente utilisait volontiers pour tenter de nous faire distinguer le bien du mal.

À peine âgé de neuf mois, mon premier enfant parvenait à se mettre debout tout seul en s'accrochant à la table à café. Je trouvais que c'était absolument merveilleux et savais qu'il ne mettrait pas longtemps à apprendre à marcher.

Toutefois, à deux ans, il découvrit qu'il pouvait attraper les objets sur la table à café. Je lui tapais alors sur les doigts en disant : « Non. Ne touche pas. » À quatre ans, les tapes sur les doigts ne suffisaient plus, alors je lui répétais « Sois gentil », mais sans succès. J'avais beau lui intimer des ordres, il ne m'écoutait pas. Le disque était rayé : « Reste tranquille », « Ne touche pas au magnétoscope », « Assied-toi! », « Fais le bon garçon à la garderie » et « Ne cours pas en traversant la rue ! » Rien n'y faisait.

Découragée, je décidai d'en parler à mon père qui, avec ma mère, avait élevé dix enfants. Comment avaient-ils pu y arriver ? Comment avaient-ils fait pour nous apprendre à nous conduire correctement ? Lorsque j'expliquai à mon père les problèmes de comportement de mon fils, il me suggéra : « Pourquoi ne t'assois-tu pas avec lui pour lui parler ? » Cette réponse m'étonna puisqu'il avait été un partisan de la fessée. Je ne pus m'empêcher de penser qu'au fil des années, mon père s'était sans doute rendu compte que ça n'était pas toujours la solution. Je décidai de suivre son conseil, mais quoi dire à mon fils ? Comment parvenir à changer sa façon de penser ? Après réflexion, je me dis que si j'arrivais à modifier sa perception de lui-même, peut-être son comportement pourrait-il changer du même coup ?

Le jour où, une fois de plus, j'étais exaspérée parce que mon fils avait recommencé à faire des siennes, je l'installai dans sa petite chaise et lui dis : « Répète après moi : »

Je suis intelligent
Je suis doué
Je suis créatif
Je suis digne de confiance
Je suis loyal
Je suis authentique
Je suis sportif
Je suis affectueux
Je suis gentil
Je suis génial
Je suis habile
Je suis honnête et, surtout,
Je suis beau et merveilleux

Je ne sais pas très bien d'où m'est venue l'inspiration de cette litanie mais, la première fois, je me souviens d'avoir regardé mon fils chéri pendant que je l'écoutais répéter après moi « Je suis.. » Il le faisait avec ferveur. Je me rappelai alors l'époque où j'imaginais avoir des enfants plus tard et vouloir le meilleur pour eux. J'avais sous les yeux un petit qui pouvait devenir extraordinaire plutôt qu'un simple étranger. Au début, il ne comprenait pas tout à fait le sens de chaque mot, mais certainement le but de l'exercice.

Mon fils me donna l'occasion de lui faire répéter la liste des « Je suis » un certain nombre de fois, quand il était tout petit et, en grandissant, il put en comprendre le sens. Il est maintenant en quatrième année et il réussit très bien à l'école. Il fait partie d'un club d'écriture, chante dans une chorale, joue de la trompette, prend des leçons de piano, a appris à nager et envisage de s'inscrire dans une ligue de bowling pour l'été. Mais, essentiellement, mon fils n'a plus besoin de fessées.

Je crois en mes « Je suis » et je continue d'en ajouter à la liste, assez souvent. Je me sers de la même liste avec mes deux filles à présent. Au fur et à mesure que mes enfants intègrent les « Je suis » dans leur façon de penser, ils apprennent à croire en eux et à appliquer cette confiance dans leur quotidien.

Joy Boyd

*L*e réveil qui somme n'a pas le même sens pour chacun. Pour les uns, il signifie simplement le moment de se lever, alors que pour d'autres, c'est l'enfer quotidien. Comme je suis du matin, j'aime prendre mon café vers cinq heures. Mon ancienne compagne de chambre à l'université était du genre à commencer à vivre après dix-sept heures, et elle me rappelle souvent à quel point les personnes matinales peuvent irriter celles qui préféreraient que les matins n'existent tout simplement pas.

Peut-être que j'aime le matin parce que j'ai développé un rituel au cours des années. En effet, tous les jours, je m'installe là où je trouve le calme : sur mon tapis. Mes enfants peuvent témoigner de l'importance que j'attache à choisir le tapis *parfait*, puisque tous les jours à cinq heures, il devient mon lieu de méditation, d'espoir, de prière et de grâce.

J'ai commencé cette sorte de rite à une époque incertaine au cours de laquelle je luttais contre un cancer et que l'angoisse me tordait le coeur. Le tapis était mon havre de paix où je m'abandonnais dans un flot de larmes. Assise sur mon tapis, j'écrivais toutes mes pensées dans un journal et cela m'a aidée à me concentrer sur mes priorités et à réaménager mes objectifs de vie. La lecture, l'écriture et l'écoute de la Voix divine m'ont permis de renouveler mon équilibre spirituel.

Mes séances quotidiennes sur mon tapis m'apaisaient. Traverser des jours difficiles et retrouver mon oasis m'ont

Les n

permis d'apprécier
vie, que j'avais tr
maladie. J'ai à p
demeure un lieu p

Le temps que
librement dans n
ma reconnaissa
ont laissé une
éclairent présentement ma vie et tous ceux et celles que je ne
connais pas encore.

Il y a quelques mois, notre fils Chad a téléphoné depuis
l'étranger. Il disait qu'il s'était acheté un souvenir, mais sans
mentionner de quoi il s'agissait. Il avait piqué ma curiosité.
Lorsqu'il est arrivé à la maison avec son trésor, il avait hâte de
me le montrer. Comme je ne m'étais pas rendue compte de
l'influence de mon rituel sur mon fils, je fus surprise quand
Chad déroula un magnifique tapis marocain tissé à la main.

Il nous en a confié la garde jusqu'à ce qu'il dispose de
l'espace nécessaire chez lui où, telle mère, tel fils, il pourra
tisser sur son propre tapis une vie encore plus riche que celle
qu'il connaît.

Candis Fancher

AU REVOIR, EDDIE

*I*l est sorti tranquillement du bois et s'est dirigé vers moi, sachant déjà que j'étais une proie facile.

J'avais juré qu'il n'y en aurait jamais d'autres, mais voilà qu'il était là, pour me tenter et me faire sentir que j'étais désirée.

Je ne sais pas comment ni pourquoi, mais j'ai prononcé son nom. « Eddie, ton nom est Eddie, n'est-ce pas ? » Je pense qu'il a acquiescé, mais on ne sait jamais avec les chats. De toute façon, il sembla apprécier le reste de mon bol de gruau ainsi que la rôtie beurrée. Il n'a pas dédaigné non plus le morceau de bacon. En fait, je n'avais jamais vu un chat manger autant en une seule fois.

Eddie était famélique et avait cette allure insouciante à la James Dean. Le genre à qui on a envie de faire confiance tout en sachant, au fond, qu'il vaudrait mieux pas. Voilà à quoi je pensais tout en le caressant, alors que le petit voyou relevait la tête pour m'offrir son cou.

Mon Kimi chéri, qui avait vécu avec nous pendant treize ans, venait de mourir. J'avais juré que je n'aurais plus jamais de chats ! Que je ne m'attacherais plus à un animal, que je ne prendrais plus jamais une responsabilité maternelle à l'égard d'un non-humain. Et voilà qu'Eddie entrait dans ma vie, en sortant du bois.

C'était un matou gris. Il n'avait que la moitié de sa queue mais ne s'offusquait pas des moqueries que cela suscitait. Il semblait au contraire plutôt fier de sa particularité, comme s'il avait décidé que sa queue était plus belle du fait même qu'elle différait de toutes les autres.

Alors que je ne donnais à Kimi que de la nourriture sèche en sachets, je me surpris à suivre mon instinct maternel qui avait soudain grimpé d'un cran et à acheter à Eddie la meilleure nourriture pour chats en conserve, parce que je jugeais qu'il en avait davantage besoin. Alors que Kimi venait s'asseoir sur mes genoux et ronronner tant et aussi longtemps que je le laissais faire, Eddie se montrait plus indépendant. Il préférait s'allonger sur le carrelage frais plutôt que de se blottir contre moi. De plus, il s'entendait très bien avec les autres animaux. Kimi n'avait jamais pu s'habituer aux chiens, mais Eddie les aimait bien, lui. Tandis que Kimi utilisait son entrée privée pour aller et venir, Eddie avait adopté la porte d'en arrière et demandait à entrer comme à sortir. En somme, il préférait qu'on fasse les choses pour lui.

Eddie est resté avec moi pendant un an et demi. Durant tout ce temps, je me suis confiée à lui mais il est toujours resté distant et silencieux, le genre qui conserve son mystère et ne révèle jamais ses pensées.

Puis, sans un mot, sans prévenir, Eddie est parti. Je n'aurais pas dû m'en étonner. J'aurais dû savoir que ça finirait un jour. Peut-être était-il trop fier pour appartenir à quelqu'un. Peut-être avait-il trouvé un autre maître aussi vulnérable que moi le jour où il est entré dans ma vie. Ou alors peut-être s'est-il perdu, comme tant de ceux qui possèdent cet air à la James Dean.

Je me souviendrai toujours de la délicieuse contradiction dans la personnalité d'Eddie. C'était un gros matou authentique, mais le seul collier qu'il ait jamais porté était d'un rose délicat.

Marlene R. Jannusch

QUITTER LA MAISON FAMILIALE :
LE POINT DE VUE D'UNE MÈRE

*J*e refoulais mes larmes tout en regardant par la vitre de la voiture. La lune était orange et avait un petit sourire narquois. Du moins, me semblait-il, mais c'était sans doute à cause de mon état d'esprit. Nous roulions vers l'est, et plus nous avancions dans l'obscurité de la nuit, plus je m'éloignais de ma fille, l'aînée de mes enfants.

Quelques heures plus tôt, mon mari et moi lui avions dit au revoir à la porte du dortoir de la *Middle Tennessee State University*, située à douze heures de route de chez nous, à Manassas, en Virginie.

J'étais vraiment fière de moi au moment de quitter Leah. Elle m'avait suppliée de ne pas pleurer, du moins pas avant que nous ne soyons partis, et j'avais réussi, mais non sans peine. Dans l'ascenseur qui nous menait au dortoir, Leah était restée silencieuse en évitant soigneusement de me regarder. De mon côté, je n'avais pu m'empêcher de garder les yeux rivés sur elle, dans le but sans doute de fixer à jamais ces moments dans ma mémoire. Je n'allais pas la revoir avant Noël. Mon regard s'était attardé sur une petite cicatrice en forme de « v » à l'envers, sur son front.

Le souvenir me revint soudain : Leah avait quinze mois et elle venait de tirer le radio-réveil sur la table de chevet, juste sous mes yeux. Il me sembla que tout se passait au ralenti. Je vis le réveil tomber sur elle et moi essayant vainement de l'attraper au vol. L'instant d'après, Leah criait, le front en sang.

À l'urgence, je pleurais dans les bras de mon mari pendant que j'entendais mon bébé hurler « Maman, maman! » depuis la petite salle d'à côté où on recousait sa blessure. Ses cris de panique me brisaient le coeur et j'aurais voulu pouvoir prendre sa place afin qu'elle ne souffre pas.

Il y eut de nombreuses autres occasions par la suite où j'ai souhaité la même chose : son premier jour à l'école, quand elle essaya très bravement de cacher sa peur, la fois où elle fut seule pour aller à une danse alors que toutes ses amies étaient accompagnées, et le morne jour de janvier où une compagne de classe mourut dans un accident de voiture. Chaque fois, j'aurais tant voulu lui ôter son chagrin et le vivre à sa place, mais je savais que c'était impossible.

Aujourd'hui, c'était elle qui ne pouvait pas m'enlever ma peine, tandis que nous arrivions bientôt à destination et que la lune continuait de narguer mon immense tristesse. Mais je savais que cette douleur était temporaire. Au fil des jours, j'allais m'habituer à une vie différente, sans ma fille à la maison.

Je décidai de réaménager la chambre de Leah; je conservai son lit et sa commode, mais j'en transformai une partie en salle de couture pour moi. Quelques semaines après son départ, je commençai à emballer les articles qu'elle n'avait pas apportés. Je me sentais capable de parcourir ses cahiers de classe, ses albums de photos et de trier toutes sortes de petits objets qu'elle avait collectionnés au cours des années. Mais soudain, je tombai sur quelque chose qui ébranla ma belle sérénité.

Il s'agissait d'un petit carré de toile verte où étaient imprimées en blanc deux petites empreintes de main. Ma vision se voila lorsque je lus le message tapé à la machine juste au-dessus et je ne pus retenir mes larmes plus longtemps.

Tu es parfois découragée
Parce que je suis tellement petite
Et que je laisse mes empreintes partout

Sur les meubles et sur les murs.
Mais tous les jours tu me vois grandir
Et un jour je serai tellement grande,
Que toutes ces petites empreintes
Ne seront plus qu'un vague souvenir.
Voici donc une dernière empreinte de mes mains
Pour, chère maman, toujours te rappeler
À quoi elles ressemblaient
À l'école du dimanche, cette année.

1980

Je sanglotai sans honte et cela me fit beaucoup de bien.

Carole Bellacera

III
LA FORCE
INTUITIVE

« Il existe deux mondes : celui que l'on peut mesurer concrètement et l'autre, celui que l'on ressent avec le coeur et l'imagination. »

—Leigh Hunt

UNE INTUITION MATERNELLE

Un jour, j'étais assise sur la terrasse avec notre petit Philippe âgé de deux semaines blotti contre moi. Son frère aîné de deux ans, Christopher, jouait à mes pieds. Mon mari bricolait en bas, il réparait la tondeuse.

Je lui demandai de surveiller Christopher quelques minutes parce que je devais aller changer Philippe. Après avoir observé mon petit descendre consciencieusement les marches, tout content de rejoindre son père, j'entrai dans la maison.

Au moment où j'allais mettre une couche à Philippe, une vague de terreur m'a soudain submergée et un appel irrésistible m'a entraînée à l'extérieur. J'ai couru dehors en laissant le bébé non attaché et nu sur la table à langer, un risque que je n'ai plus jamais pris par la suite.

La pente raide du toit du garage surplombe partiellement la terrasse. À l'aide d'une chaise, un enfant peut facilement y grimper et c'est précisément ce que Christopher avait fait. Il se trouvait à présent à califourchon sur l'arête, les pieds pendants de chaque côté.

Au moment où je l'ai aperçu, il levait le pied gauche. Une seconde plus tard, il allait se mettre debout sur l'arête et dégringoler sur le béton de l'entrée de garage. On pourrait qualifier de hurlement d'horreur le son qui est sorti de moi.

Christopher a figé sur place. Mon mari s'est précipité vers nous. Je me suis élancée sur le toit comme si j'avais eu des ailes et laissé mon corps derrière moi. Très calmement, j'ai tiré mon petit Christopher contre moi et je suis restée assise là, en le serrant dans mes bras.

Ce n'est qu'après être allée chercher Philippe dans sa chambre et que tous les quatre nous soyons assis sur la terrasse que j'ai commencé à trembler.

Je ne sais pas ce qui m'a poussée hors de la maison ce jour-là. Je comprends comment l'adrénaline a pu me permettre de grimper aussi rapidement sur le toit, mais je ne peux toujours pas m'expliquer ce qui m'a tirée avec autant d'insistance dehors, comme un lasso invisible.

Je ne suis pas le genre de mère à prendre des risques. Je n'aurais normalement pas laissé un nouveau-né sans surveillance sur une table à langer. Pourtant, j'ai cédé à cette force intuitive que toutes les mamans possèdent, juste à temps pour sauver la vie de mon enfant.

Anne Spollen

DES GRIBOUILLIS
BLEU PÂLE

*G*arder le fils de mon amie est chaque fois une expérience nouvelle. Jeb est atteint d'autisme mais, plutôt que le diagnostic lui-même, c'est la réaction des gens à son égard qui me gâche parfois ma journée.

Jeb est différent. Les démonstrations d'affection ne l'intéressent pas et il regarde rarement quelqu'un dans les yeux. Si vous parlez trop fort, il se couvre les oreilles et crie à fendre l'âme. Si vous le touchez, il se met à pleurer comme si une immense douleur l'affligeait.

Nous allons au parc tous les jours, mais il ne joue pas avec les autres enfants car il n'a aucune envie de se faire des amis. La seule chose qu'il aime, c'est une certaine balançoire. Il s'y balance pendant des heures. Ses parents lui ont pourtant installé un centre de jeu très coûteux dans le jardin, mais seule la balançoire du parc l'intéresse.

Comme je m'occupe de Jeb depuis de nombreuses années, je sais ce qu'il préfère et je lui permets de faire presque tout ce qu'il veut : la promenade au parc, la balançoire et sa boîte de crayons de couleur favorite lorsque nous rentrons à la maison le soir. Dessiner et écrire constituent ses activités habituelles après le repas. Il choisit invariablement un vieux crayon bleu pâle. Lorsque je le mets au lit, je lui lis un extrait de ma collection de poésie jusqu'à ce qu'il s'endorme.

Jeb ne m'a jamais dit qu'il m'aime, mais il ne s'attire généralement pas d'ennuis. S'il commence à s'agiter en public, il me suffit de lui donner de quoi écrire. Il s'assoit immédiatement et griffonne des mots qui n'existent pas.

Un jour, au parc, j'ai vu une mère s'empresser d'éloigner son enfant de Jeb, de crainte qu'il « n'attrape » sa maladie. Un père m'a déjà demandé : « Qu'est-ce qu'il a ? » Comme toujours, j'ai évité de répondre.

Lorsque nous sommes rentrés, j'ai trouvé sa mère en larmes. Ça arrive souvent. Élever un enfant qui ne manifeste jamais la moindre affection peut parfois devenir très lourd pour une maman.

Je me suis assise près d'elle, dans la cuisine. « Qu'y a-t-il, Shara ? »

En pleurant, elle m'a répondu : « J'avais confié certaines pages écrites par Jeb à un spécialiste de l'autisme afin qu'il essaie de déchiffrer sa pensée et ce qu'il tente d'exprimer. »

Je lui caressai la main en me demandant si les gribouillages et les dessins de Jeb pouvaient avoir une quelconque signification pour quelqu'un.

« Le Dr Matowski m'a dit que les dessins étaient exceptionnels et d'une complexité croissante. Il a déclaré que les mots de Jeb sont de la poésie ! Ses lettres et ses phrases sont simplement écrites à l'envers ! »

« Vraiment ? dis-je, avec le plus grand étonnement. Tu veux dire que ce que Jeb écrit a un sens ? »

Elle sanglotait et tentait de reprendre son souffle en retirant de son sac une feuille de papier bricolage. « Regarde », dit-elle.

Je jetai un coup d'oeil aux gribouillis bleu pâle et remarquai que le médecin, un pédiatre neurologue, avait retranscrit le texte à l'endroit, sous l'original :

Je suis dans le noir
Et j'aime le calme du soir
Lorsqu'elle me lit un poème de quelqu'un
Qui ne craint pas de faire ce qui est bien.

Dans mon coeur, j'aspire à faire preuve
D'une force de volonté aussi grande que celle du héros
Dont l'esprit est libre et sans entraves
Mais dont l'amour pour les femmes demeure grandiose.

Le mien se cache encore dans mon âme
Car j'ai peur de briser les chaînes.
Mais retenir mes émotions entraîne des conséquences
Car cela fait mal à celles qui s'occupent de moi.

J'écris donc ce poème pour ces deux femmes
Afin qu'elles sachent combien je suis heureux.
Leur amour est plus grand que tout
Et il m'aide à devenir un homme.

—Jeb

Nous sommes tombées dans les bras l'une de l'autre, bouleversées de constater que, pendant tout ce temps, Jeb vivait une plénitude, nous appréciait et nous aimait.

Nous étions encore en larmes lorsque le téléphone a sonné.

« Allô », répondit mon amie.

« Bonjour Shara. Ici le Dr Matowski. Je viens de terminer la transcription des autres poèmes de Jeb. Je puis vous assurer qu'il a un grand talent. Certains sont particulièrement intéressants. Auriez-vous objection à ce que je les montre à un ami à moi, Frank Paterno ? »

« Frank Paterno ? »

J'avais déjà entendu ce nom et je savais qu'il était propriétaire d'une petite maison d'édition.

« Bien sûr, répondit Shara. Mais d'abord, envoyez-moi plus de renseignements sur la façon de déchiffrer la poésie de Jeb. Je voudrais pouvoir le faire moi-même à présent. »

« Bien entendu, Shara. J'espère que vous êtes fière de votre fils. C'est un garçon très équilibré et très doué », lui affirma le Dr Matowski.

Un an a passé depuis ce jour, et deux des poèmes de Jeb ont été publiés dans un recueil destiné à amasser des fonds pour les enfants handicapés. Je me demande parfois de quoi sa mère est en fait le plus fière: que son fils soit un poète ou un petit garçon heureux.

Je penche en faveur de la deuxième option.

Quant à moi, eh bien, je continue de m'en occuper. Nous suivons toujours notre routine quotidienne : le parc, la balançoire, les dessins, l'écriture et la lecture de poèmes le soir. La différence, c'est que lorsqu'on me demande ce qu'il a, je réponds désormais : « Rien. Il est en parfaite santé », en me rappelant les gribouillis bleu pâle.

Michele Wallace-Campanelli

« Lorsque vous avez suffisamment de rêves,
vous êtes toujours prêt au cas
où l'un d'eux se réaliserait. »
—Sheila Ballantyne

LA DISEUSE DE BONNE AVENTURE

Mon mari et moi nous sommes offert un petit voyage à la Nouvelle-Orléans il y a quelques années, histoire de nous retrouver seuls tous les deux, loin de nos fils alors âgés de sept et cinq ans. Nous sentions le besoin de réfléchir ensemble à l'avenir. Nous avions passé de belles années à regarder grandir nos enfants, mais ils seraient bientôt tous les deux à l'école et je songeais à reprendre mon travail de journaliste. Un deuxième salaire serait certainement utile. Pourtant, quand j'apercevais une maman avec son bébé dans les bras, l'appel maternel se faisait sentir de nouveau.

Nous avions choisi un hôtel dans le quartier français et avons passé trois jours à flâner chez les antiquaires, dans les galeries d'art, les librairies, autrement dit des endroits où nous n'aurions pas pu emmener deux petits garçons turbulents. Nous nous sommes régalés de plats exotiques dans des restaurants calmes, à la lueur des bougies, et permis de veiller tard en écoutant du jazz. Nous avons pris un sinistre circuit touristique menant au cimetière local et entendu des histoires de vaudou et de fantômes.

La Nouvelle-Orléans a exercé sa magie sur moi et je me suis retrouvée dans une boutique qui vendait des boules de cristal et des feuilles de thé spéciales. Une affiche derrière le comptoir indiquait qu'une personne sur les lieux pouvait lire mon avenir, moyennant certains frais. Pourquoi pas ? Je pris rendez-vous.

« Nancy » avait de longs cheveux bruns et portait une robe de coton qui allait jusque par terre. Elle est sortie de derrière un rideau de perles et m'a invitée dans une pièce qui embaumait l'encens. Elle a soigneusement disposé les cartes du Tarot et s'est mise à me parler de ma vie. Hummm. Elle a vu que j'étais qualifiée dans mon domaine professionnel. Que plus de travail m'attendait bientôt. Que j'aurais du succès. Puis, elle s'arrêta brusquement et fixa son regard dans le mien.

« Est-ce que vous songez à avoir d'autres enfants ? » me demanda-t-elle.

Mes yeux se remplirent de larmes et je sentis mon estomac se nouer. « Bien sûr que non », allais-je dire.

« Oui », répondis-je.

Elle avait touché un point sensible et en semblait ravie. « Nancy » me déclara qu'un enfant demandait à naître (une flèche en plein coeur !) et que ce serait une fille. Une petite fille ! J'avais l'impression que la diseuse de bonne aventure avait lu dans mes pensées.

Mon mari et moi sommes tombés d'accord : nous n'en avions pas fini avec les nuits blanches et les couches, *Sesame Street* et les jouets qui traînent partout. Le décor romantique de la Nouvelle-Orléans a fait office de catalyseur pour prendre la décision. Nous sommes rentrés chez nous avec un projet.

Lorsque j'ai parlé à ma soeur de ma visite chez la voyante, elle a éclaté de rire. « Comment peux-tu croire à ces sornettes ? »

Mais, quelques semaines plus tard, elle se retrouva à son tour à la Nouvelle-Orléans, en voyage d'affaires avec son mari. Elle me téléphona un soir, manifestement sous l'effet du quartier français, et me demanda l'adresse de la diseuse de bonne aventure. Le lendemain, elle était assise devant la femme aux longs cheveux bruns qui lui a dit qu'elle était très douée dans son domaine professionnel et que beaucoup de travail l'attendait ainsi que la réussite. Puis, elle stoppa son boniment pour demander à ma soeur : « Est-ce que vous songez à avoir d'autres enfants ? »

Ma soeur s'esclaffa. Pas question ! Elle avait des adolescents et c'était terminé pour elle. Oh. La voyante passa à un autre sujet, du genre un futur gros déménagement (qui se s'est jamais concrétisé).

Aujourd'hui, six ans plus tard, je souris en repensant à ce souvenir, tandis que mon troisième fils s'amuse avec ses camions et ses blocs, aux côtés de ses frères aînés. Je me rappelle ma réaction à la prédiction de la diseuse de bonne aventure et je me dis que, souvent, quand nous croyons écouter ce qu'une autre personne dit, c'est notre coeur que nous écoutons, en réalité.

Toni Wood

LES HISTOIRES DE LA LAMPE ROUGE

*L*a plupart des enfants détestent aller au lit mais, chez ma grand-mère, moi j'adorais ça. Grand-maman était une immense femme qui, au moment choisi, s'accroupissait près de moi, me prenait les mains et me caressait la tête en plongeant son regard d'un bleu profond dans le mien. Elle demandait alors : « Êtes-vous prêts pour aller dormir ? »

Je répondais oui et je courais chercher mes deux jeunes frères. Nous installions les trois petits lits pliants côte à côte dans son living, puis nous nous glissions dans les sacs de couchage, bien au chaud, en attendant que grand-maman vienne nous lire une histoire.

Au bout de quelques minutes, elle s'avançait d'un pas tranquille et s'assoyait sur le divan rouge. La couleur vive du fauteuil s'harmonisait très bien avec le reste du décor. Un très grand tapis oriental écarlate recouvrait le sol. La fenêtre, drapée de tentures en velours rouge et de voile transparent, ne semblait pas donner sur une rue de banlieue du Minnesota mais plutôt sur un monde merveilleux. Cette pièce, qui ressemblait à un boudoir de l'époque victorienne, était remplie de trésors dénichés dans les marchés aux puces, où ma grand-mère avait fouiné toute sa vie mais, parmi tous ces objets, les plus fabuleux étaient les lampes antiques en verre rouge.

« Êtes-vous prêts ? » demandait-elle, en allumant cérémonieusement chaque lampe. « Est-ce que vous voyez le rayon de lumière que les lampes dégagent ? » ajoutait-elle tandis que nous nous enfoncions davantage dans nos sacs de couchage en clignant des yeux.

« Oui, nous le voyons ! » répondions-nous à l'unisson.

« À présent, est-ce que vous voyez les trois petits enfants qui marchent sur le rayon de lumière et qui entrent dans la lampe rouge ? Les voyez-vous ? »

« Oui, grand-mère ! Oui ! »

Grand-mère commençait alors l'histoire des trois petits enfants, une fille et ses deux jeunes frères, dans une nouvelle aventure au Pays de la lampe rouge. Dans ce pays, tout n'était que magie, amour et paix; pas de place pour le reste. Nous laissions le pénible divorce de nos parents au pied du rayon de lumière. Au Pays de la lampe rouge, grand-maman apaisait toutes nos craintes. À nous trois, nous pouvions vaincre tous les ennemis, traverser tous les dangers et nous mesurer aux plus hauts sommets. Au Pays de la lampe rouge, mes frères et moi devenions invincibles.

Les histoires de la lampe rouge ont pris fin depuis longtemps à présent. La dernière fois que j'ai vu grand-mère, il y a quelques mois, la maladie d'Alzheimer avait altéré ses capacités cérébrales et elle semblait désormais vivre en permanence dans un monde imaginaire. Pourtant, je crois qu'elle s'y sentait bien car je sais que celui-ci était très riche et plein de satisfactions. J'y avais trouvé moi-même refuge au cours des jours les plus difficiles de mon enfance.

Au crépuscule de sa vie, je lui prendrai la main lorsqu'elle sera prête pour le dernier voyage. Je me réjouis à la pensée qu'elle surveille le rayon de lumière qui l'emmènera dans cet endroit merveilleux où tout n'est que magie, amour et paix, là où il n'y a pas de place pour le reste. Je suis sûre qu'elle connaît bien le chemin. Elle l'a tant de fois parcouru dans ses rêves. Et les enfants auxquels elle a enseigné à rester solidaires dans l'adversité l'entoureront courageusement lorsque la lumière ici-bas faiblira, illuminant déjà pour elle un lieu paradisiaque.

Jacquelyn B. Fletcher

ELLE TE RESSEMBLERA

*J*e me chauffais le dos au soleil, au sommet d'une des pentes du centre de ski de Squaw Valley surplombant les eaux turquoise du lac Tahoe.

Le petit coup de coude affectueux de David dans mes côtes vint troubler mes pensées. « Je sais ce que ça veut dire, fis-je en repoussant les mèches de cheveux de mon visage. Tu fais toujours ça quand tu veux me parler de ce à quoi tu penses. »

« C'est tout à fait exact, dit-il en me souriant. Lorsque tu auras ta fille, il faudra l'emmener ici. Je lui enseignerai à skier. Puis, il se mit à rire et ajouta : Bien entendu, comme je suis également un homme de la ville, je l'amènerai visiter les galeries d'art, la traînerai dans les boutiques pour lui apprendre à s'habiller et l'inviterai dans les bons restos pour développer son goût. Par ailleurs, il faudra que je lui apprenne à cuisiner, étant donné que ça n'est pas ton premier talent... »

« Hé là ! dis-je en examinant de plus près le beau visage de mon ami pour tenter d'y déceler le sens réel se cachant derrière ces propos et lui rappeler : As-tu oublié qu'on m'a disqualifiée dix fois pour l'adoption ? Même si cela se produisait dans les années qui viennent, j'approche de la cinquantaine. Crois-tu vraiment que ce soit réaliste ? »

« Bien sûr que je le crois. Regarde autour de toi, répondit-il dans un large geste de sa main gantée montrant les pentes de neige fraîche et les magnifiques boisés escarpés. Voilà le miracle de l'univers et tu en fais partie. Donna, je te prie de croire qu'un enfant viendra combler ton avenir. »

Je jetai un coup de d'oeil furtif à David, en me disant que j'aurais aimé posséder ce charme naturel et cette confiance en soi et, comme lui, m'offrir le plus chic équipement de ski. « Tu es tellement positif, David. Tu me donnes beaucoup de force et d'énergie. Qui pourrait croire que c'est moi la conférencière en motivation personnelle ? »

Je ne savais pas, ce jour-là, que c'était la dernière fois que nous faisions du ski ensemble. Malgré sa grande combativité, David a été atteint du VIH et il avait à peine quarante ans quand le sida l'emporta.

Ce n'est qu'un an plus tard, lors d'une visite sur sa tombe, que je suis arrivée à faire son deuil. Les larmes roulaient sur mes joues et je me suis surprise à lui parler comme lorsque nous étions tous les deux au sommet des pentes. Je lui dis : « Tu ne le croiras pas, David, mais la plus merveilleuse chose m'est arrivée. On m'a assortie à des parents porteurs. Ils attendent une fille et ils m'ont choisie pour être la maman. »

À cet instant précis, j'ai distinctement entendu la voix de David. « Je sais, dit-il, elle se trouve près de moi présentement et je lui parle de toi, de ton obstination, de ton immense énergie, de ton humour un peu fou, de ton amour pour le sport et pour la vie. » Puis j'ai entendu son rire. « Je sais que la patience n'est pas ton point fort, Donna. Voilà pourquoi je vais te le dire dès maintenant : elle naîtra le 20 juin. À cette date, son esprit rejoindra son corps. Et j'ajouterai, Donna, qu'elle te ressemblera en tous points. Elle aura la même énergie que la tienne, ton teint, tes yeux et vous passerez de magnifiques moments ensemble. »

Je savais que David m'avait dit la vérité mais lorsque j'appris, quelques semaines plus tard, que la naissance était prévue pour le 23 juin, je commençai à douter de ce que j'avais entendu au cimetière. Avais-je imaginé le message de David, depuis l'au-delà ?

J'avais presque tout chassé de mon esprit jusqu'à ce soir du 20 juin lorsque je répondis au téléphone. Une femme m'informait : « La mère porteuse m'a demandé de vous appeler. Elle a accouché plus tôt que prévu et donné naissance à une magnifique petite fille de quatre kilos, ce matin à six heures six. » La joie qui me submergeait me laissa sans voix. Je balbutiai quelques remerciements et annonçai mon arrivée par le prochain vol. Les mots de David dansaient dans ma tête. Au fond de mon coeur, je réalisai que la vérité reste toujours la vérité, d'où qu'elle vienne.

Aujourd'hui, lorsque j'emmène ma fille au parc ou que je me retrouve entre amis, ceux-ci n'en reviennent pas et me disent : « Donna, sa façon d'être et sa ressemblance avec toi sont frappantes. » Je souris et je réponds : « Je sais. Quelqu'un m'avait dit qu'elle me ressemblerait. »

Donna Hartley

« Toute réussite dépend de la vision éclairée qu'on en a. »
—Anonyme

OBJETS PERDUS

Mon avion s'était posé à vingt et une heure vingt à l'aéroport international de Los Angeles; je revenais d'Hawaï. Mes pauvres pieds enflés me faisaient mal et j'étais épuisée. Comme la journée avait mal commencé, je ne m'étonnai pas que le carrousel soit encombré et que tout le monde se bouscule pour récupérer ses bagages avant de quitter l'aérogare.

Par miracle, en moins d'une heure, j'ai réussi à trouver ma valise, à héler un taxi et à rentrer chez moi. Après avoir défait mes bagages, je me suis glissée dans un bon bain chaud. Je me sentais au paradis, enfoncée dans l'eau jusqu'aux oreilles. Je fermai les yeux, pris une grande respiration et laissai voguer mon esprit en oubliant ma dure journée.

Brusquement, une décharge d'adrénaline me saisit et je me redressai. Je ne me rappelais pas être rentrée avec mon fourre-tout en toile. Je bondis hors de la baignoire et m'enroulai dans une serviette. Je fouillai partout dans la maison, en dégoulinant, à la recherche de mon petit sac blanc sur lequel étaient peints deux jolis dauphins bleus. Je l'avais acheté à Hawaï et m'en étais servi comme sac de voyage supplémentaire. J'y avais mis le journal, quelques magazines, une bouteille de champagne et mes bijoux ! Tous mes bijoux de valeur ! Mes boucles d'oreilles en diamant, mon collier en diamants, des cadeaux d'anniversaires que mon mari m'avait offerts. Mes perles noires que j'avais achetées à Tahiti. De beaux bijoux dont la valeur sentimentale dépassait le prix. Tout ça, disparu !

Il était alors vingt-trois heures trente. Je téléphonai à l'aérogare en toute hâte, mais je tombai sur un irritant répondeur dont le menu vous ramène invariablement à la case départ et je raccrochai.

Les souvenirs rattachés aux moments spéciaux où mon mari m'avait offert ces bijoux me revinrent en mémoire et je me mis à pleurer. Je fermai les yeux et priai Dieu de m'aider. La réponse ne se fit pas attendre.

J'ai eu une vision qui s'est manifestée en trois étapes. D'abord, j'ai aperçu un être qui ressemblait à un ange : un petit homme, très âgé, luminescent, avec une longue barbe blanche qui descendait jusqu'à la taille. Il flottait à environ douze centimètres du sol, gardien de mon sac en toile. Sa présence angélique était si majestueuse que mon petit fourre-tout avec les dauphins bleus avait l'air un peu ridicule, à ses pieds. Ensuite, j'ai vu la main d'un homme me remettant le sac, intact. Finalement, j'ai vu une pendule indiquant 12:48. J'ai aussitôt été envahie d'un profond sentiment de paix et de calme, et j'ai su que tout allait s'arranger.

La vision et le sentiment de réconfort ont persisté tandis que je me dirigeais vers l'aéroport. J'ai stoppé la voiture devant la salle des carrousels de bagages. Tout était étrangement désert. J'ai cherché un terrain de stationnement mais il n'y avait qu'une zone réservée aux taxis. J'ai songé un instant aux rigoureux règlements en vigueur à Los Angeles, mais comme il n'y avait personne, j'ai pris le risque de me garer devant la porte.

J'ai couru jusqu'à l'entrée mais elle était fermée à clef ! Mon calme a commencé à me quitter. En appuyant mon front contre la vitre, j'ai cherché du regard dans l'immense salle vide pour tenter d'apercevoir mon sac là où je l'avais laissé, mais impossible de voir quoi que ce soit. J'ai cogné sur la porte vitrée mais personne ne répondait. Les larmes me gagnaient.

Ma vision et ma sensation de calme pouvaient-elles m'avoir leurrée à ce point ?

Au bout de quelques minutes, un homme d'un certain âge, en uniforme de gardien de sécurité est entré dans le secteur des carrousels. En frappant de nouveau dans la vitre, j'ai réussi à attirer son attention. Il s'est dirigé tranquillement vers moi et a déverrouillé la porte. « Bonsoir monsieur. Je suis arrivée par un vol de la United plus tôt ce soir et j'ai oublié mon sac de voyage à côté du carrousel. Puis-je entrer le chercher ? »

« Oh, je suis désolé, mais le secteur est fermé à cette heure-ci, répondit-il. Il n'y a plus de bagages à venir ce soir. »

« Mais, monsieur, je voudrais juste entrer une minute », le priai-je. Je l'ai laissé là-bas, précisai-je en pointant du doigt. J'ai cherché son regard en sachant qu'il verrait bien que j'étais dans tous mes états. Il m'a fait entrer.

J'ai couru là où j'avais déposé mon fourre-tout mais il n'y était plus ! L'angoisse m'envahissait. « Monsieur, monsieur, pourriez-vous vérifier si on ne l'aurait pas déposé aux Objets perdus ? C'est un petit sac de toile blanc avec des dauphins bleus sur un côté. »

« Je suis navré, madame, mais la section des objets perdus est fermée et je n'ai pas la clef. À votre place, je ne me ferais pas de souci, car ils vous téléphoneront demain si votre numéro figure sur l'étiquette d'identité. Vous pouvez aussi appeler. »

Je l'interrompis aussitôt : « Non, non, vous ne comprenez pas. Mon sac n'est pas identifié. Même mon nom n'y est pas inscrit ! »

« Oh, je vois... » Il se tut et je pouvais deviner qu'il devait se dire que je ne reverrais jamais mon sac.

« Pourriez-vous, s'il vous plaît, jeter un coup d'oeil à l'arrière, quelque part, n'importe où ? » dis-je d'un ton désespéré.

« S'il se trouve encore ici, expliqua-t-il, il ne peut être ailleurs qu'aux Objets perdus, madame. Il fit une pause et soupira, convaincu que je ne m'en irais pas avant qu'il ne soit allé voir. « À quoi ressemble votre sac déjà ? » demanda-t-il d'un air las. J'en fis la description et il disparut derrière une porte sur laquelle rien n'était affiché.

L'espoir me regagnait doucement quand, ô malheur, j'aperçus des gyrophares à l'extérieur. Un agent de sécurité rôdait autour de ma voiture et se préparait à me rédiger une contravention.

Je courus vers la sortie et criai : « S'il vous plaît, monsieur l'agent, attendez ! J'ai perdu mon sac de voyage et quelqu'un est en train de le chercher pour moi. Accordez-moi deux minutes. Je vous en prie ! » Le grand gaillard me jeta un coup d'oeil mais resta de glace. Puis, comme si quelque chose venait de le faire changer d'avis, il se retourna et sembla vouloir me manifester de la sympathie. Il vérifia sa montre et me dit : « Vous avez deux minutes. »

« Merci ! » fis-je, reconnaissante, et je retournai vite à l'intérieur. En cherchant le garde de sécurité, je me retrouvai dans un cul de sac, au milieu de la salle de réception des bagages, face à une série de portes sans indications, tout autour.

C'est impossible, pensai-je. Rien ne se passait comme je l'avais imaginé. Puis, le garde de sécurité est sorti de l'une des portes, avec mon petit sac de toile à la main ! Il s'est dirigé tranquillement vers moi comme dans un film au ralenti. Les dauphins bleus semblaient s'amuser dans les vagues, tandis que le sac se balançait au bout de ses doigts. Mon coeur battait la chamade. J'ai regardé sa main et, comme dans ma vision, il m'a remis mon fourre-tout !

« Est-ce celui-ci ? » demanda-t-il, l'air évasif.

« Oui, oui, c'est bien ça ! répondis-je. J'ai aussitôt regardé dedans : tout était intact. « Je... je ne sais pas comment vous remercier », dis-je, la voix éteinte par l'émotion.

Il hocha la tête, perplexe. « Je me demande bien ce qu'il faisait là. Normalement, il aurait dû se trouver aux Objets perdus. » Et tout en continuant de faire non de la tête, il marmonna encore une fois : « Il aurait pourtant dû avoir été mis aux Objets perdus. »

Je gambadai joyeusement jusqu'à ma voiture. L'agent m'attendait. « Me voilà ! » criai-je, tout heureuse.

Il m'avait vue revenir et se mit à rire. « On dirait que c'est votre jour de chance ! » Il sourit et rangea son bloc de contraventions.

« Vous n'imaginez pas à quel point, monsieur l'agent. Merci ! »

En rentrant chez moi, je riais toute seule en songeant à ce qui venait de se passer au cours des dernières heures. Je repensais à la vision qui m'était apparue si clairement et à quel point le doute s'était facilement emparé de moi lorsque les choses n'avaient pas suivi le cours que j'avais imaginé.

Après m'être garée dans le garage sombre, je restai un moment dans la voiture, avec un sentiment d'humilité et de gratitude pour l'assistance divine que j'avais reçue. Dans ma réflexion, je me rendis compte que tout cela n'avait rien à voir avec les biens matériels. Mon incroyable vision avait été un cadeau. J'ai compris ce jour-là qu'il me fallait croire au pouvoir de la prière et accepter la façon dont elle se manifestait dans ma vie.

Juste avant de retirer la clef du contact, mon regard fut attiré par la pendule lumineuse du tableau de bord. Elle indiquait 12:48.

Tannis Benedict

UNE SECONDE CHANCE

*U*n soir de mai 1986, mon mari s'est glissé doucement hors du lit. Quelques instants plus tard, j'ai senti l'odeur d'une cigarette et je l'ai entendu sangloter dans le living. Allongée dans le noir, je me doutais que quelque chose de grave se passait. Il s'était montré distant depuis des semaines, des mois, peut-être même ?

Ma pensée s'égara un moment vers le souvenir d'un jour de l'été précédent, où c'était moi qui pleurais. Un nouveau coiffeur avait raté ma coupe et j'avais senti ma fragilité face à mon apparence et pris conscience que je vieillissais. Mon mari n'avait pas manifesté la moindre sympathie. « Ne sois donc pas ridicule ! avait-il lancé, en réponse à mes larmes. Ce n'est qu'une coupe de cheveux ! »

Ce soir de mai, je sentis que ses pleurs signifiaient quelque chose de très grave. Mon coeur battait fort tandis que j'enfilais mon peignoir pour aller le rejoindre.

« S'il te plaît, dis-moi ce qui ne va pas », lui demandai-je, sachant déjà que je ne supporterais probablement pas ce qu'il allait me dire. Mes craintes étaient justifiées.

« Je ne veux plus être marié avec toi », déclara l'homme qui m'avait tant de fois affirmé qu'il m'aimerait pour l'éternité. La douleur fut tellement vive que je suffoquai presque. « Mes sentiments pour toi ont changé, confessa-t-il. Je ne peux plus envisager l'avenir ensemble toi et moi. » *Non, ça n'est pas possible. Je ne veux pas qu'il me quitte ! Je ferai tout pour que cela n'arrive pas !*

« S'il te plaît, le suppliai-je, dans des sanglots incontrôlables, donne-moi une seconde chance. » Mais sa décision était prise depuis longtemps et rien de ce que je pouvais tenter de dire n'allait la changer : notre mariage prenait fin, après quatre ans.

Les années passèrent ainsi que ma crainte de ne plus jamais pouvoir aimer de nouveau. Cinq ans après le divorce, j'étais au pied de l'autel, en train d'épouser mon second mari. Nous nous sommes promis de rester ensemble « jusqu'à ce que la mort nous sépare » mais, au fond de moi, je ne pouvais m'empêcher de me rappeler avoir déjà prononcé ces voeux qui, finalement, n'avaient rien voulu dire.

Un soir de février, après quelques années de mariage, les conflits quotidiens au sujet des questions d'argent étaient devenus pratiquement insupportables et j'avais perdu espoir que notre vie commune allait pouvoir s'améliorer. Pendant plusieurs semaines, j'avais planifié comment mettre un terme à mon deuxième mariage.

Ce soir-là, je trouvai le courage de le dire à mon mari. « Il faut que je te parle », lui dis-je. J'étais oppressée. Il me répondit qu'il avait senti que quelque chose n'allait pas. Nous nous sommes tous les deux mis à pleurer. Entre les sanglots, il me répéta à quel point il m'aimait et souhaitait que je sois heureuse. Voyant que ma décision était inébranlable, il a fait ses valises rapidement et s'est préparé à partir.

Mais, avant de s'en aller, il s'est tourné vers moi, le coeur brisé, et m'a demandé : « S'il te plaît, donne-moi une seconde chance. » J'ai d'abord pensé *Non. C'est trop tard. Je ne changerai pas d'avis.* Mais mon coeur a entendu l'écho d'une phrase que j'avais moi-même déjà désespérément prononcée.

Jusque là, je croyais être sûre de ma décision. Puis, un revirement soudain s'est produit en moi et j'ai su qu'il me fallait donner à mon deuxième mariage la seconde chance qu'on ne m'avait pas accordée lors du premier. J'ai accepté et l'oppression m'a quittée aussitôt.

Les quelques années qui suivirent n'ont pas été faciles. Il y eut de nombreux faux recommencements et bien des défis à relever dans nos tentatives de reconstruire notre union. Cela m'a permis de comprendre que l'amour est un choix. D'ailleurs, les moments de découverte et de joies nouvelles qui nous ont fait grandir tandis que nous nous occupions de recréer notre amour ont dépassé toutes mes attentes.

Un soir, des années après celui où j'avais voulu mettre fin à mon deuxième mariage, j'étais en profonde réflexion et je repensais à ce revirement dans mes sentiments. Perdue dans mes pensées, je ne faisais pas attention à mon occupation du moment qui était de me couper la frange. Un coup de ciseaux de trop et voilà ! Je l'avais taillée trop court. J'avais un exposé important à présenter le lendemain et, malgré mes efforts de « croissance personnelle » durant de nombreuses années, je continuais de trop me soucier de mon apparence.

En larmes, j'allai rejoindre mon mari dans le living. Je lui dis : « Je ne suis plus belle, c'est fini. » Il a levé le nez de son magazine et m'a regardée. Pendant un instant, la situation m'a ramenée dix ans en arrière, un certain jour d'été.

Mais cette fois, tout a été différent.

L'homme que j'avais failli jeter hors de ma vie a plongé son regard dans le mien avec amour et compassion. Puis, il s'est levé, m'a prise dans ses bras et m'a tendrement caressé les cheveux.

Tag Goulet

LES LIENS FAMILIAUX

En raison d'une conférence que je devais donner, je me trouvais à San Francisco récemment et mon mari m'a téléphoné de la maison pour me relater avec enthousiasme les événements de la journée.

Pendant que notre fille Émilie était partie au cinéma avec une amie, un jeune camarade de classe nommé Adam avait installé une banderole de trois mètres sur la porte du garage, où il avait inscrit : « Fête annuelle 1997, Adam ? » Puis, il avait tracé un chemin de truffes en chocolat depuis l'entrée de garage, sur le trottoir et jusqu'au seuil de la maison où il avait déposé une rose rouge accompagnée d'un mot qui se lisait comme suit : « Maintenant que j'ai truffé de baisers le sol sur lequel tu poses les pieds, accepteras-tu de m'accompagner au bal de l'école ? »

Émilie prit l'appareil et me raconta les détails avec excitation. Ma première réaction fut de lui dire : « Émilie, épouse-le. » Bien sûr, je sais qu'elle n'a que quatorze ans mais vous conviendrez avec moi qu'il serait difficile de trouver mieux !

Après avoir raccroché, mon coeur se serra. J'avais manqué ça ! *J'aurais dû* être présente ! Quelle sorte de mère suis-je donc ? La culpabilité m'envahissait encore une fois. Je songeai à la vieille série télévisée *Leave It to Beaver* dans laquelle June Cleaver, invariablement impeccable, s'affairait dans sa cuisine, toujours là pour accueillir ses enfants.

Seule dans ma chambre d'hôtel, je me mis à évaluer mes « j'aurais dû » pour finalement me poser la question : *Mais où est donc le problème ?* En vérité, toute la famille était restée liée, malgré mon absence. Émilie flottait sur un nuage. Adam avait obtenu l'acceptation de ma fille. La maman d'Adam, qui l'avait conduit en voiture, l'avait observé procéder à son stratagème. (Elle qui, il n'y a pas si longtemps, avait probablement du mal à le convaincre de prendre une douche, voyait à présent son fils se transformer en Roméo demandant à sa Juliette de l'accompagner au bal.) De plus, mon mari avait filmé le tout. Des moments magiques avaient par ailleurs ponctué mon séjour à San Francisco. Un dîner avec une amie très chère avait clôturé une bonne journée de travail et ma conférence s'était bien passée.

Je découvrais que lorsqu'on s'attarde moins à la liste de « j'aurais dû » que l'on s'impose inutilement pour s'attacher davantage à prendre le temps d'établir des liens de qualité avec ceux qu'on aime, cela enrichit notre vie.

Lorsque j'ai regardé la situation du point de vue des « liens », je me suis rendue compte que je m'étais créé un problème et que je m'en faisais pour rien.

La semaine suivante, Émilie et moi sommes allées faire les magasins pour trouver la robe de ses rêves, les chaussures assorties et le jupon invisible. Quand je lui ai dit à quel point je trouvais Adam romantique et habile, elle s'est arrêtée net et, en posant les mains sur ses hanches, elle m'a regardée droit dans les yeux et m'a dit : « Tu vas te servir de cette histoire dans tes présentations, n'est-ce pas ? »

C'était déjà fait. Elle avait deviné juste. Je ne pouvais laisser passer une si belle anecdote. Ça m'a fait chaud au coeur de constater qu'elle me connaissait si bien. Elle pouvait prévoir ce que j'allais dire ou faire. C'est alors que j'ai réalisé que je n'avais rien manqué du tout.

Comme vous voulez sans doute connaître la suite, je vous dirai qu'ils ont passé une magnifique soirée et qu'Émilie était belle comme un mannequin de vingt ans. Malheureusement, elle a décidé de ne pas épouser Adam. Mais j'ai secrètement conservé son numéro de téléphone, pour le cas où elle changerait d'avis !

Mary LoVerde

IV
MANIFESTATION
DIVINE

« Il y a deux façons de répandre la lumière :
être soi-même la bougie ou alors le miroir qui la reflète. »

—Edith Wharton

LA VOIX DIVINE

*M*es grands-parents, qui assuraient mon éducation, avaient réussi on ne sait trop comment à survivre aux ravages de la Seconde Guerre mondiale, dans notre Hongrie natale. Néanmoins, quand ce terrible conflit s'est enfin terminé, en 1945, il n'y avait pas lieu de nous réjouir puisque les troupes soviétiques communistes ont aussitôt pris notre pays en otage. Du jour au lendemain, tous les citoyens qui osaient protester contre l'oppresseur étaient arrêtés par la nouvelle force de police secrète et on ne les revoyait plus jamais par la suite.

Mon grand-père, un juge à la retraite, ne cessa pas pour autant de s'exprimer librement et, au cours de l'automne 1945, deux hommes sont venus à la maison pour l'emmener, prétextant qu'il ne s'agissait que d'un interrogatoire. Grand-père demanda la permission d'aller d'abord se laver les mains parce qu'il avait fait du jardinage. Les policiers acceptèrent, mais quand ils ne le virent pas revenir de la salle de bains, ils s'y précipitèrent et enfoncèrent la porte. L'eau coulait toujours du robinet mais grand-père avait disparu ! Il avait sauté par la fenêtre et s'était enfui à pied.

Lorsque grand-papa est parti en cavale, la vie est devenue encore plus difficile pour grand-mère et moi. Nos maigres repas se constituaient de soupes de pommes de terre et d'autres légumes du potager et nous ne savions jamais à quel moment la police secrète allait revenir fouiller la maison une fois de plus.

Quelquefois, les hommes faisaient irruption au beau milieu de la nuit en enfonçant la porte, dans l'espoir de surprendre mon grand-père. La peur était notre compagne de tous les instants et la prière, notre soutien.

Pendant deux ans, mon grand-père est parvenu à ne pas se faire capturer et, même si des petits messages nous assuraient qu'il était en sécurité, nous ne connaissions pas sa cachette. Il nous manquait terriblement, à ma grand-mère et à moi. La pensée que nous ne le reverrions peut-être jamais me hantait en permanence. Jusqu'à un jour d'automne de 1947. J'avais alors dix ans et je savais exactement où le trouver !

Lorsque de nouvelles élections eurent lieu au pays, j'attendais les résultats avec beaucoup d'intérêt. Le lendemain matin, la radio claironna que le parti communiste avait été défait. Les gens sont descendus célébrer dans les rues, sans se rendre compte que le gouvernement, appuyé par les troupes soviétiques, était de toute façon sur le point d'abandonner le pouvoir, élections ou pas.

Bien entendu, après avoir entendu les informations à la radio, j'en conclus, dans ma petite tête d'enfant de dix ans, que les résultats du scrutin signifiaient que grand-père pourrait rentrer à la maison et que nous allions bientôt être réunis.

Je me demandais si grand-père, dont on savait qu'il se terrait dans une ferme non loin de chez nous, avait appris la bonne nouvelle. Je décidai que c'était le moment de me rendre à cette ferme et de l'informer. Ensuite, nous rentrerions ensemble à la maison et ferions la surprise à grand-mère ! Naturellement, je n'avais parlé de mon projet à personne. Au lieu de me rendre à l'école ce jour-là, j'entrepris la longue marche en direction de la cachette de mon grand-père. Arrivée aux confins du village, après avoir pris garde de ne pas me faire remarquer, une hâte fébrile m'envahit. Dans quelques heures, j'allais revoir mon cher grand-père pour la première fois après deux ans, et nous allions rentrer chez nous et vivre en famille comme avant. À cette pensée, l'émotion me gagna et mon pas se fit plus rapide.

Soudain, j'entendis la voix d'un homme qui m'appelait. Stupéfaite, je stoppai sur-le-champ et regardai autour de moi, mais il n'y avait personne. « Qui êtes-vous ? Où êtes-vous ? » demandai-je, en tentant de l'apercevoir caché dans les bosquets.

« Il n'est pas important que tu saches qui je suis, répondit la voix. Je veux simplement te prévenir que tu mets ton grand-père en danger en te dirigeant vers sa cachette, car tu es suivie. Fais demi-tour et retourne auprès de ta grand-mère tout de suite; vous serez bientôt réunis tous les trois. »

Bien entendu, je suis immédiatement rentrée au village en courant; mon coeur battait tellement fort que j'ai cru qu'il allait faire éclater ma poitrine. Je croisai un homme à bicyclette et reconnus un membre de la police secrète. La voix avait dit vrai : j'étais bel et bien suivie !

Lorsque je suis arrivée à la maison, j'aperçus grand-mère qui faisait les cent pas dans la rue. « Oh ! Dieu soit loué, te voilà ! Quelqu'un est venu me prévenir que tu n'étais pas à l'école aujourd'hui et je craignais qu'on t'ait emmenée », dit-elle en me serrant dans ses bras.

« J'avais décidé d'aller chercher grand-père pour lui dire que les communistes avaient perdu les élections, expliquai-je pour m'excuser. Je pensais que nous aurions pu te faire une surprise ! »

« Oh ! la ! la ! » fit ma grand-mère.

« Mais une voix m'en a empêchée, continuai-je. Elle m'a dit que j'étais suivie et qu'il valait mieux que je revienne sur mes pas. C'était la voix la plus douce et la plus gentille que j'aie jamais entendue, grand-mère. Je pense que c'était celle de Dieu. Personne d'autre ne connaissait mon projet. »

Ma grand-mère hocha la tête, m'emmena dans la maison et me tint dans ses bras un long moment. Elle m'assura que tout irait mieux bientôt.

Deux semaines plus tard, un homme vint nous chercher en pleine nuit. Au lever du soleil, nous étions déjà rendues près de la frontière autrichienne où un important groupe d'Allemands hongrois allait bientôt être déporté vers l'Autriche. Je bondis de joie quand j'aperçus grand-père ! Il me regarda tendrement et me serra fort. Nous étions sur le point d'être chassés de Hongrie à titre d'Allemands minoritaires. Conscients du danger encore présent, nous n'avons poussé un soupir de soulagement qu'après avoir franchi la frontière autrichienne. Une fois là-bas, nous avons atterri dans un camp de réfugiés qui en comptait des centaines d'autres mais, au moins, nous étions enfin réunis.

Grand-père continuait de craindre que les communistes ne reviennent le chercher. Ce n'est qu'en 1951, quand la chance nous a souri et que nous sommes venus nous installer dans notre merveilleux nouveau pays, les États-Unis d'Amérique, qu'il a enfin pu retrouver la sérénité et poursuivre sa vie paisiblement.

Tandis que je grandissais, je m'interrogeais parfois sur la voix que j'avais entendue ce jour d'automne 1947. Des amis suggéraient que c'était peut-être celle d'un voisin qui souhaitait m'alerter du danger. Mais à présent, dans mes moments de calme et de paix, je sais quelle est cette voix, tout comme je l'avais reconnue quand j'étais enfant. Les mots rassurants qui m'ont sauvé la vie et celle de mon grand-père venaient de Dieu, le mien, celui qui exauce mes prières, me guide et éclaire mon chemin.

Renie Szilak Burghardt

« Lorsque les circonstances de la vie ressemblent à des coïncidences inexplicables, c'est l'univers qui se manifeste pour nous tendre la main. »
—Mary Manin Morrissey

MERCI, JOE

« Biièère, qui veut une bonne bière fraîche ? » faisait l'écho dans le Yankee Stadium. L'odeur d'arachides et de popcorn, mêlée à un million d'autres, flottait dans la brise tiède de l'été alors que la foule hurlait impatiemment.

L'homme que tout le monde attendait — le grand et mince Joltinn' Joe DiMaggio — se dirigeait vers le marbre, un héros inusité pour la petite fille réservée que j'étais. Mais le Yankee rasé réussit une fois de plus à conserver la première place dans mon Temple de la renommée personnel.

Des années plus tard, notre fils de quatorze ans, Larry, figura sur la liste des meilleurs élèves, devint une étoile du baseball local et commença à collectionner les cartes et autres trucs. Le sport tenait la première place dans sa vie et tous et chacun savaient qu'il ferait un jour partie des ligues majeures. Cela ne faisait aucun doute.

À l'époque, nous étions tous des fans de baseball. Trois ou quatre soirs par semaine, sans compter les week-ends, nous dînions tôt et nous nous rendions au terrain pour jouer une partie ou pour pratiquer.

Cet été-là, Larry trouva un emploi qui l'aiderait à réaliser un autre de ses objectifs : l'achat d'un vélo dix vitesses. Je n'étais pas vraiment d'accord avec ce projet, mais son sourire charmant réussit à me convaincre que les dix vitesses étaient nécessaires à cause des rues en pente du Connecticut. Comme d'habitude, je cédai à son désir. Mon fils semblait si fort et invincible.

Un après-midi, Larry enfourcha son cher vélo pour aller faire une trempette avant de se rendre au travail. Mais il ne s'est jamais baigné ce jour-là et il n'est jamais arrivé au boulot.

Alors qu'il descendait dans une courbe, Larry a frappé un tas de sable. La bicyclette a stoppé net mais Larry a été projeté dans les airs, a plongé dans un ravin et est allé s'écraser contre le tronc d'un arbre, tête première.

Il a eu le crâne fracassé ainsi que la plupart des os du visage. Les casques protecteurs pour les cyclistes n'existaient pas à l'époque.

Un mois plus tard, après plusieurs chirurgies, y compris une craniotomie, mon fils a pu rentrer à la maison. Chauve, squelettique et défiguré, il s'est rendu directement dans sa chambre et a fermé la porte.

Nous avions le coeur brisé, au fil des jours et des semaines car, à part ses visites chez divers médecins, Larry ne sortait pas et ne permettait à aucun de ses amis de venir le voir. On aurait dit que son coeur s'était éteint.

Le neurochirurgien recommanda à Larry : « Aucun sport de contact, mon gars, sauf le baseball, bien sûr. » Horrifiée à l'idée qu'il encourage mon fils à prendre de tels risques, je mettais en doute son raisonnement. Le médecin m'expliqua : « Il peut en effet être dangereux pour Larry de jouer au baseball, mais lui enlever cette partie de sa vie pourrait se révéler plus néfaste encore. »

Les mois passaient et je me surprenais à l'encourager moi-même à reprendre son sport préféré, mais Larry sortait tous ses trésors, boîte par boîte, de sa chambre. « Jette tout ça, murmurait-il, les mâchoires coincées dans des fils d'acier. Je n'en veux plus. »

Un jour, en fin d'après-midi, un voisin intime vint rendre visite à notre fils reclus. À titre du père de son meilleur ami, Russ fut autorisé à franchir la barrière et à pénétrer dans le sanctuaire privé de Larry. Peu de temps après, celui-ci se précipita hors de sa chambre. « Maman ! Papa ! appela-t-il, enthousiaste. « Regardez ça ! Il tenait une photo autographiée de Joe DiMaggio. Je m'en vais la montrer à Jimmy et à Mike. » La photo en main, il est sorti de la maison en courant, à la recherche de ses copains. C'était la première fois depuis des mois.

Bouleversée et étonnée de ce changement d'attitude, j'avais hâte de savoir ce qui s'était passé. Russ, un pilote d'avion privé au service d'un magnat des affaires, nous expliqua que lors de son dernier vol, le seul passager à bord était Joe DiMaggio.

Au cours du vol, Russ lui avait parlé de ce qui était arrivé à notre fils. Après l'atterrissage, tandis que l'équipage se trouvait encore sur la piste, Joe s'est arrêté, a ouvert son attaché-case, en a sorti une photo de lui et y a inscrit : « Tiens bon, mon gars, tu vas y arriver » et l'a remise à Russ, qui a vu une larme rouler sur la joue de Joe.

Une simple larme de compassion pour un parfait inconnu dont les rêves et les espoirs étaient brisés; un instant dans la vie trépidante d'un athlète célèbre, et voilà que notre fils pouvait renaître à la vie.

Une fois sorti de son enfer, Larry a recommencé à jouer au baseball, est retourné aux études et s'est marié. Il a maintenant des enfants. La photo de Joe se trouve toujours accrochée au mur de sa chambre et lui sourit tous les soirs. Et, chaque soir, Larry lui rend son sourire.

Lynne Layton Zielinski

*Il m'appelle et moi je lui réponds; je suis avec lui dans la
détresse. Je le délivre et je le glorifie.*
—Psaumes 91:15

DOUBLE BÉNÉDICTION

*L*es premiers mois d'un nouveau-né sont faciles. Les années qui suivent, encore plus. En fait, je crois que l'étape la plus difficile pour des parents, c'est lorsque l'enfant devient adolescent et, en particulier, quand il apprend à conduire. Lorsque ce fut le cas de mes jumelles, Angela et Linda, j'ai commencé à m'inquiéter des problèmes mécaniques auxquels elles pourraient être confrontées et très préoccupée des dangers qui pouvaient guetter des jeunes filles seules en voiture. Elles, tout au contraire, avaient cette confiance innocente que la plupart des jeunes conducteurs possèdent.

Peu après avoir obtenu leur permis, qui ne les autorisait à conduire que dans le comté de Suffolk, New York, mes filles avaient reçu une invitation d'une amie qui habitait à environ quarante minutes de chez nous. Inquiète à l'idée qu'elles devraient emprunter trois autoroutes différentes pour s'y rendre, je tentai de les en dissuader. Mais, sûres d'elles, elles affirmaient être capables de trouver leur chemin sans problème. Je m'inclinai à regret, mais leur confiai une carte en leur indiquant la route à suivre.

Vers deux heures de l'après-midi, munies d'une carte de crédit et de la carte routière et après m'avoir formellement promis de me téléphoner dès leur arrivée à destination, elles prirent la route. Une heure plus tard, je commençai à m'inquiéter et j'appelai chez la copine pour savoir si mes filles étaient arrivées. « Non, pas encore, répondit la maman de leur amie, mais ne vous tracassez pas, je vais m'assurer qu'elles vous téléphonent dès qu'elles seront là. » À trois heures trente, je n'avais toujours pas de nouvelles, alors qu'elles avaient maintenant plus d'une heure de retard et je commençais à paniquer. Impuissante à intervenir moi-même, je fis pour la première fois appel à mon ange gardien et aux leurs en les priant de rester auprès d'elles et de les protéger. J'étais extrêmement inquiète, mais je tentai de me rassurer en imaginant les anges au-dessus d'elles les guidant sur la bonne route. Au bout d'une autre heure et demie d'agonie, le téléphone sonna et une petite voix demanda : « Maman ? » J'ai cru que j'allais exploser, jusqu'à ce que j'eus écouté leur explication.

Elles s'étaient engagées sur l'autoroute Northern State mais n'avaient pas vu le panneau indiquant la première sortie. Elles ont poursuivi vers l'ouest, en direction de New York. Comme Angela conduisait, elle a demandé à Linda de consulter la carte. Mais Linda n'y arrivait pas pendant que la voiture roulait et elle demanda à Angela de s'arrêter. Mais celle-ci n'osant pas se ranger sur le bas-côté, continuait toujours de rouler ! Ensuite, elles n'ont pas remarqué le panneau indiquant qu'elles venaient d'entrer dans le comté de Nassau, où leur permis n'était plus valide, et se dirigeaient vers Queens. La panique s'est alors emparé de Linda. Elle se rappelait que leurs grands-parents avaient déjà habité dans le Queens et réalisa qu'elles étaient rendues beaucoup trop loin. Mais Angela, qui craignait toujours de s'arrêter, poursuivait droit devant.

Vers la fin de l'après-midi, après avoir franchi de nombreuses déviations de construction, elles se sont retrouvées sur l'autoroute Grand Central. Lorsque Angela a aperçu un panneau indiquant qu'elle s'apprêtait à traverser un pont menant dans New York, elle est sortie de l'autoroute. Elles étaient alors complètement perdues ! La carte du comté de Suffolk ne leur servait plus à rien et l'heure d'affluence avait commencé dans le Queens. Apeurées et dépassées par la situation, les filles ont commencé à paniquer.

À un feu de circulation, Linda a jeté un coup d'oeil autour et remarqué une voiture rouge munie de plaques gouvernementales venir se ranger sur la droite. Un monsieur âgé aux cheveux blancs et portant des lunettes était au volant. Rassurée par l'immatriculation officielle et l'apparence gentille du conducteur, Linda a descendu la vitre de la portière et lui a confié qu'elle et sa soeur s'étaient perdues et désiraient retrouver l'autoroute Northern State en direction est. « Suivez-moi, répondit-il, c'est mon chemin. »

Tranquillement, il les guida d'une sortie à l'autre, traversant les nombreuses autoroutes et tous les boulevards que les jumelles avaient manqués ou empruntés par erreur, dans leur énervement. Enfin de retour sur la bonne route, Linda et Angela suivirent l'homme jusqu'à ce qu'elles reconnaissent les panneaux qu'elles n'avaient pas repérés auparavant. Au bon carrefour, bien que ni l'une ni l'autre ne l'ait vu s'engager dans une sortie, elles ont complètement perdu de vue leur bienfaiteur.

« Linda, te souviens-tu de l'heure à laquelle le monsieur s'est rangé à côté de votre voiture ? » lui demandai-je à leur retour à la maison, me rappelant qu'il était trois heures trente quand j'avais prié les anges gardiens de ramener mes filles saines et sauves. « En fait, oui, répondit-elle. Je venais juste de regarder ma montre. Il était trois heures trente précises. »

Était-ce une coïncidence ? Peut-être. Ceux qui ne croient pas aux anges gardiens affirment que c'est l'imagination qui travaille. Mais j'ai déjà entendu cette phrase. « Vos filles ont dû inventé cette histoire de toutes pièces, chère dame, m'a dit le policier, lorsque j'ai téléphoné pour connaître le nom du bon samaritain. Autant que je sache, il n'existe aucune voiture rouge possédant des immatriculations du gouvernement dans l'état de New York. »

Sarah Newby

« Ce n'est qu'après un dur labeur que les miracles se produisent. »
—Sue Bender

LE POUVOIR DE LA PRIÈRE

« Vous ne marcherez plus jamais. Il faudra vous déplacer en fauteuil roulant. » Non préparée au sombre pronostic du médecin, j'entendis ces paroles accablantes et mon coeur se glaça. J'avais toujours été dévouée à saint Jude, patron des causes désespérées, mais je n'avais jamais connu le désespoir, jusqu'à ce jour-là.

Un terrible accident de voiture m'avait laissée inconsciente et dans un état critique. À mon réveil, j'avais les deux jambes plâtrées, la gauche en traction pour faciliter la guérison de la fracture d'une hanche et du bassin. Je souffrais d'autres blessures graves, mais mes jambes représentaient ma première préoccupation. À titre d'enseignante auprès des cas spéciaux et toujours en mouvement par nature, je ne pouvais tout simplement pas m'imaginer confinée à un fauteuil roulant et invalide, encore moins.

Immobilisée dans mon lit d'hôpital, je m'en remettais à la prière en me demandant comment j'allais pouvoir donner de l'espoir à mon fils de dix ans. Il se montrait joyeux à chacune de ses visites mais j'avais décelé de l'inquiétude dans son regard. Imaginer sa mère complètement handicapée et toutes les conséquences qui en découlent devait peser lourd sur ses épaules de petit garçon. Il lui fallait une lueur d'espoir.

Je songeai que je pouvais peut-être me servir de cette expérience pour lui enseigner comment réagir dans l'adversité. Ce n'était toutefois pas seulement de l'altruisme. J'avais besoin de quelque chose en dehors de ma guérison physique pour mettre à profit mon obstination irlandaise, un trait de mon caractère qui m'a aidée à traverser la pire épreuve de ma vie.

Ma mobilité limitée n'a pas tardé à m'impatienter, de même que le rythme que les thérapeutes avaient adopté pour ma réhabilitation. Je me promis d'apprendre tout ce qu'ils m'enseignaient et j'en fis même davantage. Je suis sûre d'avoir enfreint tous les règlements de l'hôpital en tentant de me déplacer par moi-même, le soir, après la dernière visite des infirmières. Je tenais à obtenir des résultats à ma façon. Être confinée dans un fauteuil roulant le reste de mes jours ne s'inscrivait pas dans mes projets.

Au début, j'entrepris de me déplacer du lit au fauteuil. Pendant des semaines, je procédais très doucement, de peur de tomber. Mais rester allongée dans mon lit m'effrayait encore plus. Petit à petit, mes bras devinrent suffisamment forts pour me permettre de passer directement du lit au fauteuil roulant. Effectuer la manoeuvre contraire se révéla plus difficile mais je mis bientôt au point une méthode efficace : j'attrapais les draps d'une main et la barre de traction de l'autre. Bien sûr, je n'allais pas gagner de compétitions de gymnastique, mais je me débrouillais assez bien. Je me suis souvent demandé comment les infirmières et les thérapeutes auraient réagi s'ils avaient découvert mon statagème.

Chacune de mes séances « secrètes » commençait par une prière à saint Jude, le patron de l'espoir. Mes prières me permettaient de transcender la douleur dans mes efforts pour supporter mon propre poids et de constater que mes mouvements devenaient de plus en plus faciles. Les prières où je demandais la sécurité et la patience firent bientôt place à des remerciements et à ma gratitude pour les progrès que je réalisais.

Une fois sûre de pouvoir passer du fauteuil au lit, je commençai à faire des essais avec une marchette qu'un ancien patient avait laissée dans la chambre. Si les infirmières ont remarqué que le fauteuil et la marchette n'étaient pas toujours là où elles les avaient laissés la veille, elles n'en ont jamais rien dit. Peut-être une conspiration du silence s'était-elle établie ? Je ne parlais pas de mes séances thérapeutiques secrètes et les infirmières, si elles étaient au courant, ne disaient rien.

Tous les soirs, dans ma chambre privée, dès que j'étais certaine que personne ne viendrait me surprendre, je descendais de mon lit en me tenant vaillamment au rebord et je posais doucement mon poids sur mes pieds. Au bout de quelques semaines d'efforts et de persévérance, ma force et ma confiance avaient augmenté. Arriva ensuite le défi ultime : avancer un pied puis l'autre, quelques centimètres à la fois.

Je rêvais de marcher à grandes enjambées dans les couloirs de l'école, de jouer au ballon à la pause et de conduire ma voiture. Tout cela était certainement un peu irréaliste mais il y a une chose dont j'étais absolument sûre : un jour viendrait où je n'aurais plus besoin du fauteuil roulant et où je marcherais de nouveau.

Un soir, je me suis sentie prête à partager mes prouesses avec la personne la plus chère à mon coeur. Peu avant la visite de mon fils, je m'installai dans le fauteuil roulant et plaçai la marchette devant moi. Lorsque je l'entendis saluer les infirmières au poste de garde, je me mis debout. Au moment où il franchissait la porte, je fis quelques pas. Étonné, il me regarda faire ensuite demi-tour en direction du lit. Toute la douleur et ma peur se sont évanouies quand il a prononcé les mots qu'il me tardait tant d'entendre : « Maman, tu peux marcher ! »

Aujourd'hui, je marche seule, parfois à l'aide d'une canne. Je peux prendre les transports en commun pour faire mes courses et rendre visite à mes amis. Ma vie a été remplie de réalisations dont je suis fière. Mais rien ne m'a jamais apporté autant de satisfaction et de joie que les quatre mots que mon fils a prononcés ce jour-là.

Martha E. Nicholson

VOUS AVEZ TÉLÉPHONÉ, TRÈS CHER ?

*P*endant des années, j'ai souffert de toutes les maladies respiratoires imaginables. La pneumonie, la pleurésie et la bronchite faisaient partie de ma vie. Mes poumons manquaient d'air quotidiennement et mon coeur pompait plus fort pour me garder en vie, tandis que moi je sabotais tout cela en fumant et en mangeant trop.

J'avais été particulièrement proche de mon père. Après sa mort, le peu de bien-être qui me restait a disparu quand j'ai commencé à avoir des crises de panique. Sans aucun signe avant-coureur, mes battements cardiaques s'accéléraient, je respirais difficilement et l'angoisse me paralysait. J'étais de plus en plus déprimée et je continuais de grossir. J'appelai mon père à l'aide, mais je n'eus pas de réponse et je sombrai dans le désespoir total.

Ma tante, une psychologue, intercéda en ma faveur. Elle me guida dans mes crises de panique et me donna les outils pour entreprendre un long processus de guérison. Elle affirmait que ces crises étaient une grâce du ciel destinée à m'obliger à faire un voyage intérieur. Elle m'encouragea à me calmer et à écouter ce que mon coeur avait à dire. Longtemps, tout ne fut que silence. Puis, j'ai finalement entendu mon coeur blessé qui criait au secours. J'ai versé toutes les larmes que j'avais refoulées en mangeant trop et en fumant. J'ai ressenti la douleur d'être absente de moi-même, déconnectée de mon âme. Je cessai de fumer et entrepris de perdre du poids.

Un jour que j'étais assise à méditer, j'entendis la petite voix intérieure me suggérer que la prière était le chemin vers la plénitude. Mais je me sentais mal à l'aise avec la prière et je marmonnais n'importe quoi. Mes tentatives ne me menaient nulle part. Je décidai de prier mon papa plutôt que Dieu, puisque je le connaissais mieux, tout compte fait. Je cherchai le programme des funérailles de mon père et trouvai le panégyrique que mon frère avait rédigé. Il comportait une magnifique citation d'Edna St.Vincent Millay qui reflétait la grandeur d'âme et la générosité de coeur de papa. Voici la citation :

Le monde est grand
Mais son coeur est plus grand encore
Le ciel s'étend, immense
Mais son âme le dépasse

Je décidai d'écrire à papa. Dans la lettre, je mis tout ce que j'étais incapable de formuler. Je lui dis à quel point il me manquait, combien je souffrais de son absence. Je lui demandai d'écouter mes prières et de leur donner des ailes pour qu'elles puissent se rendre là où elles seraient entendues. Je pleurai tout mon chagrin, toute ma solitude et toute ma douleur jusqu'à l'épuisement. Puis, je sombrai dans un profond sommeil. La sonnerie du téléphone me réveilla. Une dame de Houston, que je ne connaissais pas, me demandait si j'avais une voisine du nom de Paige au numéro civique 306 de ma rue. Perplexe et à moitié endormie, je répondis que personne de ce nom n'habitait là. Elle m'a remerciée puis a raccroché.

Sûre d'avoir rêvé, je vérifiai les appels reçus, le lendemain matin. Mais je n'avais pas rêvé et, au fur et à mesure que la matinée passait, cet appel continuait de me trotter dans la tête. Pour une raison inconnue, j'eus envie d'aller chercher le livre que j'avais acheté la veille, intitulé *A Treasury of Women's Quotations*. Suivant mon intuition, je l'ouvris au hasard et tombai sur la page 306. La citation exacte que mon frère avait lue aux funérailles de papa était là devant moi.

Presque frappée de stupeur par l'immensité du pouvoir de l'âme, je m'assis. Un sentiment de paix m'envahit et je réalisai que j'avais réussi à apprendre à goûter le calme intérieur. Aussi soudainement qu'elles avaient commencé à se manifester, les crises de panique cessèrent. Pour la première fois, j'ai ouvert mon coeur tout grand et senti la grâce se répandre en moi.

Aujourd'hui, je m'abandonne volontiers dans la prière. J'entends la voix intérieure et je reconnais tout ce que mon coeur veut me dire. Par ailleurs, je ne filtre plus jamais mes appels !

Maggi Boomer

L'ANGE DE RYAN

*P*ar un tiède après-midi d'octobre, tandis que j'étais à mon ordinateur en train d'écrire, on frappa très fort à la porte. Mon bureau étant adjacent à l'entrée, on aurait dit un coup de tonnerre. « Madame ! Madame ! » criait une voix étrangère complètement paniquée.

Je me précipitai. « Venez vite ! dit-elle, votre fils a été heurté par une voiture ! »

Ryan... Des centaines d'images sinistres se bousculèrent dans ma tête. C'était impossible. Il jouait dans sa chambre. Il se trouvait exactement là où un enfant de onze ans doit se trouver. En sécurité.

Puis, je me souvins qu'il m'avait dit qu'il allait se rendre à bicyclette chez des voisins pour tenter de leur vendre des décorations de Noël qu'il avait fabriquées lui-même dans du contre-plaqué. Mon petit entrepreneur avait déjà réussi à vendre toute une famille Snoopy à un voisin, même si nous n'étions dans le quartier que depuis un an. Il en était à présent à confectionner un trio de bonshommes de neige.

Ses mignonnes créations disparurent de mon esprit qui visualisait à présent le cadavre mutilé de Ryan.

Sans même prendre le temps de fermer la porte, je traversai en courant la pelouse et le terrain vacant d'à côté qui séparait notre maison du coin de la rue. La distance était courte, mais elle m'a semblé la plus longue de ma vie. Pourquoi ne pouvais-je pas aller plus vite ? Pourquoi ne pouvais-je pas l'apercevoir déjà ?

Je tentai de crier son nom mais ma voix m'avait quittée. J'avais étrangement froid et j'étais comme engourdie. Je ne sentais pas mes pieds nus sur le gazon ni sur les cailloux de la chaussée. Soudain, je me rappelai le jour de sa naissance. Son premier jour à l'école. Son dernier anniversaire. Son sourire.

Je savais que je n'allais pas pouvoir survivre s'il mourait.

« Mon Dieu, je vous en prie, prenez-moi à sa place. Pas lui. Prenez-moi plutôt. Laissez-le vivre. Laissez-le vivre. »

Lorsque j'arrivai au coin de la rue, j'aperçus le gros jeep et la femme au volant, une voisine que j'avais souvent saluée mais que je n'avais jamais formellement rencontrée. Elle ne pleurait pas.

Elle avait l'air de ne pas en croire ses yeux.

« Où est-il ? » criai-je de toutes mes forces.

« Maman ! » fit la voix de Ryan, et mon sentiment de panique disparut aussitôt.

Je le vis calmement assis sur le bord du trottoir, avec ce même air de ne pas en croire ses yeux.

« Tu es vivant ! » criai-je avec soulagement et je m'effondrai en larmes. Puis, je l'examinai pour découvrir une fracture ou une blessure interne; il avait sûrement quelque chose. Tandis que j'étais assise à ses côtés sur le bord du trottoir à lui tâter les bras, je jetai un coup d'oeil au Suburban.

J'aperçus alors, sous les pneus arrière, le vélo de Ryan complètement tordu. Je réalisai immédiatement qu'il y avait quelque chose d'extrêmement étrange dans cet accident.

« Que s'est-il passé ? » demandai-je à la propriétaire du véhicule.

« Il conduisait sa bicyclette entre les maisons en contournant les gros bosquets depuis lesquels on ne voit pas la rue. Mais je ne m'attendais pas à voir surgir un vélo de ces bosquets. Avant même que je n'aie eu le temps d'appliquer les freins, il était devant moi et je l'ai heurté de plein fouet. »

Ryan n'avait pas la moindre égratignure.

« Maman, c'est très curieux. J'ai vu la dame au volant, je savais que j'allais être frappé et alors... eh bien, c'est comme si une immense main m'avait ramassé puis déposé là sur le trottoir. La voiture ne m'a même pas touché. C'est comme si j'avais volé jusqu'ici. »

La voisine acquiesça. « C'est tout à fait exact. Je sais que ça n'a aucun sens. J'ai entendu son vélo être écrasé sous mes roues. J'ai fermé les yeux, horrifiée. Lorsque je les ai rouverts, j'ai aperçu votre fils assis là, sur le bord du trottoir, tel que vous le voyez. »

Entre temps, les policiers étaient arrivés toutes sirènes hurlantes, ayant été appelés d'urgence par un voisin. Le patrouilleur posa les mêmes questions à Ryan et à la conductrice et obtint les mêmes réponses. Tout concordait, en tous points.

L'agent de police se gratta la tête en regardant le vélo de Ryan. « C'est parfaitement impossible ! Comment se fait-il que la bicyclette de votre fils soit dans un tel état que lui ne soit pas mort ? C'est invraisemblable. »

« Moi je sais pourquoi, répondit Ryan. J'ai été sauvé par mon ange gardien. »

Le policier était sidéré.

Je souris et fis un clin d'oeil à Ryan. Nous savons tous les deux quand demander l'aide des anges.

Jusqu'à présent, ils se sont toujours manifestés au bon moment.

Catherine Lanigan

V
JUSTE ENTRE NOUS, LES FILLES

« Croyez-le ou non, chaque jour recèle un trésor caché.
Il suffit de le chercher pour le trouver. »

—Sarah Ban Breathnach

AVOIR MOINS ET POSSÉDER PLUS

C'est fini. Il y a quelques mois, après plus d'un an de disputes, de colères, d'angoisses, de crises de larmes et de nombreuses remises en question, j'ai mis un terme à mon mariage qui avait duré dix-huit ans.

Les négociations étant difficiles, plutôt que de partager mon fonds de retraite de 400 000 dollars, j'ai perdu tout le reste. Ma jolie petite maison jaune aux volets bleus, mon beau mobilier de chambre en pin, la salle à manger en chêne miel, ma vaisselle, les couverts, les ustensiles, les casseroles et les poêlons, les couvertures, les serviettes de bain et les tableaux; l'aspirateur Eureka, le mobilier de jardin, mes fleurs en pot, des sacs d'engrais, le nectarinier que j'avais planté, des sachets de graines, des outils, des clous, des pinceaux, la pompe à bicyclette et le parasol de plage. Au bout des nombreuses années qu'il avait fallu pour rassembler tous ces biens auxquels étaient rattachés autant de souvenirs, voilà que tout disparaissait en un éclair.

Pourtant, je n'échangerais pas la paix que je connais aujourd'hui ni la sérénité qui a rafraîchi mon coeur fatigué, contre cette liste d'épicerie de biens matériels. À présent que le divorce et ses cruelles réalités juridiques sont derrière moi, que les émotions et l'attention qu'ils canalisaient se sont apaisées, c'est comme si quelqu'un avait appuyé sur le bouton « redémarrer ». Je revis.

Mes cinq sens sont plus aiguisés que jamais. Les couleurs me paraissent plus vives, les aliments plus savoureux, les parfums plus odorants; je ressens plus intensément sur ma peau la douceur de la soie et du coton, la fraîcheur de l'eau et la chaleur d'une caresse. Même la voix des gens que j'aime ressemble à une belle mélodie.

Je suis remplie de reconnaissance à l'égard de ma renaissance : en moins d'un mois, j'ai réussi à me recréer un petit nid à l'aide d'articles d'occasion dénichés un peu partout. Certains m'ont été donnés par des amis généreux qui désiraient m'aider. J'en ai ramassé d'autres qui traînaient sur les trottoirs.

Dans le living, un tapis afghan recouvre le tissu usé du petit divan dont je n'ai trouvé qu'une partie (qu'est-il donc arrivé aux autres sections ?), et un châle bleu donne un air plus pimpant à une chaise berçante plutôt moche. Mes chers livres, qui logeaient autrefois dans de solides étagères en chêne, se contentent désormais de planches de contreplaqué posées sur des briques. Mais c'est chez moi.

Le mobilier de salle à manger se compose d'une table à café ronde autour de laquelle sont disposés quatre oreillers que j'ai trouvés dans des bacs de recyclage d'un immeuble. Maintenant qu'ils sont lavés et recousus, mes filles et moi nous y installons à la japonaise. Toute la vaisselle est dépareillée, de même que les couverts, les napperons et les serviettes de table de provenances diverses.

Dans la cuisine, le frigo est jaune moisson; un magasin d'articles usagés me l'a vendu 49 $. Ma poêle à frire a perdu son revêtement antiadhésif depuis au moins 500 repas.

Lorsqu'elles sont chez moi, mes deux filles, qui habitent chez leur père, à un coin de rue, l'autre moitié du temps, dorment sur des matelas à même le sol. J'ai recouvert de housses neuves en coton leurs couettes chaudes mais tachées trouvées dans une vente d'objets usagés. Elles ont affiché leurs posters et leurs dessins sur les murs de leur chambre et posé par terre leurs cages à bestioles.

La joie règne dans ce micmac de vieilles choses. Chacune a sûrement son histoire, mais aucune ne m'appartient. Je n'y suis pas attachée; je pourrais m'en défaire aussi facilement que je les ai acquises. Cela me procure un sentiment de liberté. Et c'est tout ce dont j'ai besoin présentement.

Étais-je heureuse de quitter mon mari ? Certainement pas. Mais après avoir vécu des années sous un toit conjugal vidé de joie et d'amour, avec quelqu'un d'acerbe et de taciturne, sans le moindre espoir de voir la situation s'améliorer, je me suis rendue compte que je devais partir. Je sens que j'ai la chance de servir de modèle à mes filles. Je sais qu'elles vont peu à peu comprendre qu'il est malsain de poursuivre une relation qui mine toute l'énergie émotive.

Soudainement, une multitude de possibilités s'offrent à moi. Quand je songe à toutes les orientations que je peux donner à ma vie, j'en ai le vertige. J'ai le loisir de voyager n'importe où, d'apprendre une langue étrangère ou de m'inscrire dans un club de mon choix. Je peux avoir mes propres opinions et les exprimer librement à mes amis intimes. J'ai le droit de danser dans la rue, de chanter au supermarché, de pouffer de rire à l'église, de manger du chocolat au lit et de laisser la vaisselle dans l'évier pendant deux jours. Je peux acheter du mobilier neuf ou m'en priver. Les biens matériels ne représentent plus rien pour moi.

C'est un sentiment des plus étranges : je suis endettée jusqu'au cou à cause des frais d'avocat et je dois me débrouiller avec un seul revenu; j'ai perdu tout ce que j'avais et pourtant, je me sens plus riche qu'avant. Et il ne s'agit pas d'un optimisme béat. Je commence à comprendre que de reprendre la maîtrise de sa propre vie est ce qu'il y a de plus enrichissant.

Ça n'est vraiment pas si terrible de tout perdre. Mon âme y a gagné.

Karin Esterhammer

LA RÉUNION

*L*es filles avaient décidé de se retrouver. J'ai accepté l'invitation à une réunion de mes anciennes copines du collège avec un mélange d'appréhension et d'enthousiasme.

Nous avions été plus proches déjà. Certaines avaient déménagé, mais sept d'entre nous avaient réussi à rester liées jusqu'à la fin de nos études. Malgré des intérêts différents, nous partagions alors le même engagement. En dépit de tout, nous avions choisi de ne pas suivre la mode et de favoriser le confort à la place. Nous portions des souliers plats alors que les talons aiguilles étaient du dernier cri. Nous préférions regarder l'émission *60 Minutes* plutôt que *American Bandstand* et assister à des pièces de théâtre plutôt que d'aller danser. Certaines d'entre nous lisaient même de la poésie. Nous avions décidé de rester authentiques et fidèles à nous-mêmes. Ce pacte avait créé un lien entre nous qui nous a aidées à traverser l'adolescence.

Une fois nos études terminées, nous nous retrouvions de temps à autre, pour le lunch ou le dîner, et il nous arrivait d'emmener nos petits amis du moment. Un peu plus tard, les exigences de la famille et de la carrière nous dépassant un peu, nos rencontres se sont faites de plus en plus rares. Les mois se sont peu à peu transformés en années. Nous étions en train de devenir des étrangères. Cette invitation me fournissait l'occasion de redécouvrir des amies qui m'avaient connue alors que je vivais dans l'innocence et la vulnérabilité.

Nous nous sommes rencontrées dans un restaurant où la fille de Marianne travaillait. Comment une amie à moi pouvait-elle avoir une fille de cet âge ? Je me sentais encore adolescente moi-même lorsque je parvenais à voir au-delà des mensonges de mon miroir.

Nous étions toutes à l'heure. Même moi. Comme nous considérions inutile, à l'époque, d'avoir une montre, je me trouvais rarement au bon endroit, à l'heure indiquée. Mais les années avaient corrigé ce petit problème.

Nous avons passé les premières minutes à parler des changements les plus évidents chez les unes et les autres : nouvelle coiffure, nouvelles lunettes, quelques kilos en trop ou en moins. Une fois assises, vint l'inévitable échange de photos que l'on garde dans son portefeuille, puis les nouvelles des maris, des enfants, des parents. Tandis que les photos me passaient entre les mains, je commençai à me demander si cette rencontre était une bonne idée, finalement. Peut-être y avait-il eu trop de changements dans nos vies ?

Certaines étaient mariées, d'autres pas. Quelques-unes avaient des enfants, d'autres non. Nos domaines de travail étaient tous très différents, nous vivions toutes dans des quartiers et des mondes distincts.

Pourtant, une fois la salade servie, je pouvais voir que nous étions restées les mêmes, malgré le temps qui avait passé. Nos vies avaient emprunté des chemins très variés, mais nous partagions toujours les mêmes valeurs.

Nous avons davantage parlé de notre travail et de nos intérêts personnels que de la famille car, à ce stade de notre vie, chacune avait enfin un peu plus de temps à soi. La conversation avait pris un tour plus intense et nous étions en train d'échanger nos expériences dans notre lutte pour l'égalité d'emploi, quand le garçon est arrivé avec des ballons pour Margaret. Le party surprise pour son anniversaire m'a soudainement rappelé plus que jamais que nous n'étions, finalement, que des petites filles portant des masques de femmes.

Des petites filles en train de partager un gâteau d'anniversaire et de la mousse au chocolat, râlant contre les calories tout en chantant « Joyeux anniversaire » pour notre amie puis, à la demande du garçon, aux gens de la table voisine.

L'espace d'un instant, j'ai senti le parfum des brownies au caramel que nous avions l'habitude de déguster les samedis après-midi dans la cuisine de Mary, tant d'années auparavant.

Le moment semblait bien choisi pour nous remémorer nos souvenirs les plus chers et les accompagner de nos rires, en les contemplant comme autant de petits bijoux rares et précieux.

Le passé reprenait vie. Nous avons évoqué notre séjour au *Motel Sands*, pour un week-end sur l'art de devenir adulte, durant lequel nous avons ri pendant tout le repas dans la salle à manger polynésienne du vieil hôtel *Edgewater Beach* de Chicago, puis pendant la soirée pyjama. Le lendemain, nous étions rentrées par le car, avec des colliers de vahinés autour du cou et la crainte de l'avenir peinte sur nos visages.

Chaque souvenir en appelait un autre. Nous avons évoqué les après-midi à jouer aux cartes, les premières soirées avec les garçons qui nous catapultaient des morceaux de gâteau au chocolat avec des fourchettes, les mêmes qui faisaient jouer des disques aux effets sonores bizarres qui ne manquaient jamais de réveiller ma petite soeur. Les mêmes également qui nous ont par la suite fait danser sur des airs d'été de l'époque.

Jamais le passé n'avait paru plus réel. Tandis que les souvenirs se mêlaient à la réalité, je réalisais que le temps n'avait pas eu prise sur nous. Malgré les changements superficiels que nous avions vécus, nous resterions toujours les mêmes amies, la même bande de filles.

Mary Sass

« Aussi longtemps que maman est là, on reste un enfant. »
—Sarah Orne Jewett

UN MOMENT INOUBLIABLE

ans la vie, les occasions ne manquent pas de prendre des photos. J'ai tenté de bien jouer mon rôle de mère en immortalisant sur pellicule tous les événements spéciaux, comme les anniversaires, le bal de graduation, la remise des diplômes, etc., mais je crois que j'ai manqué le coche. Étrangement, les souvenirs les plus vivants des années pendant lesquelles j'ai élevé mes deux fils ne correspondent pas à ces événements.

Je ne me rappelle pas très bien les anniversaires. Après le premier de l'aîné, toutes les photos ont commencé à se ressembler et les souvenirs à s'emmêler. Les bals de graduation, la fameuse partie de baseball ou Noël ont tous été des moments importants et ils figurent à jamais dans les albums-photos, mais ce ne sont pas ceux dont je garde le souvenir le plus vif. Les moments qui ont vraiment compté pour moi, les bons comme les mauvais, ne sont malheureusement pas sur pellicule car je n'ai jamais eu mon appareil sous la main pour les saisir.

Par exemple, samedi matin dernier : vers onze heures, je m'en allais en ville et j'ai décidé de m'arrêter chez mon fils Will pour lui apporter un peu de ma sauce à spaghetti. Il était parti travailler, tout comme ses colocataires sauf Jeff et mon autre fils, Curt, âgé de dix-huit ans, qui vit encore à la maison mais qui avait passé la nuit chez son frère. « Curt est au lit et il ne se sent pas très bien », me dit Jeff.

Je me glisse dans la chambre où il dort et je remarque qu'un ventilateur souffle directement sur un tas de draps froissés.

J'ose l'appeler : « Curt ? »

Une voix rauque provenant du milieu du lit se fait entendre : « Maman ? » puis, après une longue pause : « Maman, je suis très malade. »

« Qu'y a-t-il ? » dis-je en m'approchant du lit.

« Je n'arrête pas de vomir depuis ce matin. J'ai même vomi du sang. » Aucune inquiétude. Curt ajoute toujours un peu de sang à ses histoires afin de les rendre plus dramatiques. Soudain, sa tête, yeux clos, émerge de dessous les draps puis se renverse.

« Je crois que je vais encore vomir. » Comme je ne suis pas née de la dernière pluie, je reconnaissais l'odeur aigre qui remplissait la chambre. Je lui posai quelques questions.

« Qu'est-ce que tu as bu hier soir ? »

Il hésite à me répondre, sachant très bien ce que je pense de l'alcool, mais ne peut nier : « Quelques bières. »

« Combien ? Deux ? Quatre ? Six ? Douze ? »

« J'ai pris environ quatre bières, je te jure, pas plus. » Quand Curt ajoute qu'il le jure, j'ai appris qu'il faut généralement doubler ou diviser le chiffre, selon les circonstances.

« Tu t'es mis au lit tout de suite après ? »

« Non. J'ai pris une bière vers minuit. Je suis allé me coucher vers deux heures du matin et je me sentais très bien », affirma-t-il.

« Les quatre bières, tu les as bues en combien de temps ? »

« Environ une heure. »

En « langue Curt », je comprenais qu'il avait dû consommer de huit à douze bières, entre minuit et deux heures du matin. Sans compter ce qu'il avait avalé dans la soirée. Je me rendis compte que je n'en aurais jamais rien su si je n'avais pas préparé une quantité supplémentaire de sauce à spaghetti ce matin-là.

J'avais envie de secouer Curt et de lui crier : « Combien de fois vous ai-je mis en garde, toi et ton frère, contre l'alcool ? Combien de fois vous ai-je dit que c'est dangereux ? Comment oses-tu agir de façon aussi irréfléchie, alors que ton père et moi, qui vous aimons tellement tous les deux, avons mis tous nos espoirs en toi ? Voilà dix-huit ans que nous veillons sur ta sécurité et ta santé ? » Mais, en même temps, j'aurais eu envie de prendre mon grand dans mes bras et de lui dire à quel point j'étais soulagée qu'il ne se soit pas retrouvé à l'hôpital ou qu'il ne lui soit arrivé pire encore. J'ai pensé que cela allait lui servir de leçon.

« Il s'agit d'un lendemain de veille », dis-je très placidement.

« Je ne crois pas, maman. Je me sens très mal. Je dois avoir attrapé la grippe ou quelque chose du genre. Ça ne va pas bien du tout. »

« C'est un très solide lendemain de veille. » J'ai touché son front. Il n'avait pas de fièvre. J'ai mouillé une serviette d'eau fraîche et la lui ai posée sur les yeux. « Ce n'est pas la grippe. C'est un lendemain de veille. Tu as intoxiqué ton organisme, voilà ce que tu as fait. J'espère que tu t'en souviendras. »

Je me suis assise près de lui et lui ai caressé les cheveux. « Maman, je me sens tellement mal que j'ai envie de pleurer. Je n'oublierai jamais ça. Je suis content que tu sois là. »

C'était un moment inoubliable.

J'aurais aimé avoir mon appareil-photo sous la main.

Lillian Quaschnick

UN SECOND SOUFFLE

*L*e mois d'avril à Portland, dans l'Oregon, donne parfois l'impression que l'hiver ne finira jamais. Le ciel gris et la bruine, après deux semaines complètes d'averses, semblaient ne pas vouloir permettre au soleil de se montrer. Assise à mon bureau, je regardais la ville à travers les arbres et je m'apitoyais un peu sur mon sort. J'avais l'impression d'en avoir trop fait depuis trop longtemps. Aux prises avec les multiples priorités de ma vie professionnelle, je me sentais lasse et découragée.

Je remarquai le fouillis sur mon pupitre : de la documentation ramassée lors d'un voyage d'affaires, des piles d'articles, des projets à étudier et une longue liste de courriels. Affalée dans mon fauteuil, le menton entre les mains, je me demandais à quoi tout cela rimait.

L'énergie physique, émotive et spirituelle requise dans un domaine qui fait appel à mes talents professionnels de chanteuse, de conférencière et de conseillère m'épuisait. Le don de soi pour tenter de faire une différence avait raison de moi. Je me demandais *Tout cela vaut-il vraiment la peine ? Est-ce que j'apporte vraiment quelque chose aux autres ?* Puis, mes pensées se sont transformées en prières : *Mon Dieu, c'est Vous qui avez voulu que j'exerce cette activité et pourtant, je ne pense pas aider qui que ce soit. Peut-être suis-je en train de me leurrer complètement !*

L'humeur chagrine, je réfléchissais au changement de carrière auquel je devrais inévitablement procéder quand, tout à coup, le téléphone sonna. La sonnerie me tira de ma rêverie cafardeuse. Une voix enthousiaste, à l'accent du Sud, me dit : « Bonjour, je m'appelle Dan et je vous téléphone du Texas. Vous ne me connaissez pas mais moi je vous ai entendue chanter au Japon. »

Au Japon ! Il y avait des années de cela ! Presque dans une autre vie. « Eh bien, poursuivit-il, j'ai pensé que je devais vous appeler parce que votre musique a eu une influence marquante sur ma vie et que les gens ne doivent pas vous en informer souvent quand cela arrive. Je vous ai vue chanter à l'école pour les enfants de missionnaires à Tokyo. Pendant votre concert, j'étais tellement ému que j'ai su dès lors que j'avais besoin d'orienter ma vie différemment. Après vous avoir entendue, j'ai commencé à étudier sérieusement ma musique afin de pratiquer mon ministère et, à mon tour, de pouvoir toucher les gens comme vous l'aviez fait pour moi. Je vous appelle pour vous dire que je viens de terminer mes études universitaires cette semaine et que je m'apprête à réaliser mon rêve. »

« Comment diable avez-vous eu mon numéro ? » demandai-je, plutôt étonnée d'entendre ces révélations de la part d'un parfait inconnu à l'autre bout du fil. « Oh, j'ai fait quelques appels jusqu'à ce que je l'obtienne, a-t-il répondu. Pour une raison que j'ignore, il m'apparaissait vraiment important de vous appeler dès maintenant.» *Vraiment important !* Il ne se doutait pas à quel point !

Nous avons continué à bavarder, nous remémorant ce jour, des années auparavant, où j'avais chanté et parlé à Tokyo. Je me souvenais d'avoir eu un trac terrible avant de me présenter devant cette assemblée d'élèves. Il se rappelait quelques-unes de mes chansons. Je me souvenais avoir cru que ma présence là-bas était totalement inutile et elle avait changé sa vie ! Alors que nous échangions nos adresses, je réalisai que Dieu s'était servi du téléphone pour « rejoindre quelqu'un ». Je ne sais pas toujours qui sont les gens que je touche ni comment. Je ne sais pas toujours quelle influence j'exerce en donnant de moi-même aux autres. Autrement dit, je ne connais pas toujours le fruit de mon labeur. Mais, cette fois, Dieu a choisi le moment idéal pour m'offrir un cadeau précieux — l'appel d'un jeune homme portant le nom de Dan — et me donner ainsi un second souffle.

Karen Howells

À LA PÊCHE AVEC GRAND-PÈRE

*U*ne foule de souvenirs m'ont envahie lorsque j'ai trouvé ce poème que mon grand-père avait écrit dans mon cahier d'autographes quand j'étais petite :

Quand je serai vieux et que mes tempes seront grises,
Tu sortiras l'attirail car nous irons pêcher !

Aller à la pêche avec papy Roff signifiait bien davantage que d'essayer d'attraper un gros poisson, me suis-je rappelée. Un jour, nous avons repéré une île engloutie; une autre fois, j'ai vu mon premier nid de huards, avec les oeufs dedans; il me faisait découvrir avec émerveillement les rives toujours changeantes et mystérieuses de ce lac du Minnesota sur lequel des îles flottantes s'abandonnent aux vents. Et puis, nous avions tellement de plaisir.

Je me souviens surtout de ces journées ensoleillées que nous passions au chalet. Papy cherchait des vers, puis nous prenions le canot; il levait l'ancre et ramait. Il veillait à ce que nous ne mangions pas nos collations d'un seul coup. Je laissais traîner ma main dans l'eau en regardant par la fente le fond s'éloigner, et j'avais hâte d'arriver dans notre « coin », derrière la baie. Papy disait que je pouvais l'accompagner parce que j'étais capable d'appâter toute seule.

Puis vint le début d'une nouvelle ère, quand un canot à moteur a remplacé les rames. Nous n'étions toutefois pas tentés de nous servir de la vitesse du hors-bord pour nous aventurer plus loin. Par contre, nous étions ravis d'atteindre plus vite notre banc de poissons. Je n'osais plus laisser pendre mes bras hors du bateau et restais bien prudemment assise. J'aimais cependant la sensation du vent dans mes cheveux.

Difficile d'oublier une aussi belle journée ! Les crapets-soleil étaient plus gros et mordaient plus facilement que d'habitude. Nous étions impatients de montrer notre prise à mes parents et à mamy qui nous attendaient au chalet.

« Montre-leur, papy ! » dis-je fièrement à grand-père tandis qu'il éteignait le moteur et rangeait le bateau le long du quai.

Grand-père restait silencieux. Dans sa hâte de revenir à la rive, il avait oublié de ramasser le filet. Il ne restait plus un seul poisson dans le panier en treillis !

Voici les leçons que j'ai retenues de cette journée de pêche avec papy :

1. Trop de hâte peut entraîner du gaspillage.

2. Ne racontez jamais vos histoires de pêche avant d'être sûr que tous les poissons que vous avez attrapés sont dans le panier.

3. Vivez pleinement le moment présent, chérissez vos souvenirs et… surveillez votre filet !

Linda G. Engel

RASAGE DES JAMBES 101

u printemps de 1964, j'ai eu treize ans et me suis rendue compte qu'on pouvait très bien voir les poils roux sur mes jambes, à travers les bas de nylon que je portais avec mes mocassins. J'étais certaine que tout le monde les avait remarqués, surtout les garçons.

Les Lawson avaient emménagé dans la maison voisine la même année. Jusque-là, j'étais la seule fille dans le coin et je suis donc rapidement devenue l'amie de leur fille de quinze ans, Rebecca Jane.

Becky et moi passions des heures dans sa chambre. Nous parlions de poésie ou des personnages du dernier livre que j'étais en train de lire; Becky me donnait des indices sur la fin vu que c'est elle qui m'avait recommandé tous les ouvrages en question. Mais ce que je préférais par-dessus tout, c'était lorsqu'elle s'assoyait sur l'édredon rose de son lit et qu'elle se rasait délicatement les jambes jusqu'au bord de son short, à l'aide de crème et d'une serviette. Cela se passait en silence. Ça me semblait un rituel spécial auquel j'étais privilégiée d'assister. Je cachais mes jambes non rasées sous mes cuisses et je la regardais, fascinée, passer le rasoir de bas en haut en suivant doucement la courbe du genou comme une vraie pro, le tout sans la moindre goutte de sang. Cet été-là, je décidai de faire comme Becky et de me raser les jambes.

Pendant tout le mois de juillet, j'observai le rituel de Becky, confiante de bientôt pouvoir en faire autant. Par une soirée particulièrement chaude du mois d'août, je décidai d'annoncer mon intention à table. Becky avait prévu de venir à la maison ce soir-là pour regarder un vieux film et je souhaitais lui faire la surprise. Je serais alors au même niveau qu'elle. Nous aurions davantage en commun que nos lectures.

Pendant le dîner, même si je connaissais déjà la réponse, je demandai innocemment à ma mère à quel endroit elle rangeait son rasoir et sa crème à raser. Ma petite soeur de six ans s'écria : « Vais-je pouvoir regarder ? » Maman me demanda calmement si je savais ce que je m'apprêtais à faire.

Mon père se transforma alors en un véritable Attila. D'un naturel calme et protecteur, mon italien de papa pâlit soudain et donna un coup de poing sur la nouvelle table de salle à manger en déclarant que j'étais trop jeune et que sa fille n'avait aucunement besoin de se raser les jambes.

Il se mettait rarement en colère, préférant laisser cela à ma mère. L'affaire était donc très sérieuse. Je baissai les yeux vers mon assiette et réfléchis rapidement. Je décidai d'essayer le vieux truc : « Mais toutes les filles le font ! » Il répondit qu'il se fichait pas mal des autres, que seul lui importait ce que moi je faisais et que s'il y avait une chose que je ne ferais *pas*, tant et aussi longtemps qu'il serait mon père, c'était de me raser les jambes.

Je faisais face à un obstacle de taille mais je n'allais pas renoncer pour autant, après cinq semaines à observer Becky. Je me tournai vers ma mère et, très poliment, lui demandai à quel âge elle avait commencé à se faire les jambes. Après réflexion et sans regarder mon père, elle me répondit : « Eh bien, je crois que j'avais justement ton âge. »

Papa lui jeta un regard furieux, mais maman l'ignora et se leva pour servir le dessert, l'un de ses préférés. J'y vis le présage que j'avais choisi le bon moment pour parler de mon projet, et on laissa tomber le sujet.

Je desservis la table rapidement et me hâtai de faire la vaisselle avec ma soeur. Mon père et Walter Cronkite discutaient politique tandis que je me dirigeais vers l'escalier, espérant qu'il ne remarquerait rien, tout à sa conversation. Juste comme j'enjambais la dernière marche, il me lança : « N'oublie pas, petite : si tu te rases les jambes ce soir, tu devras le faire *toute ta vie* ! »

En mes quatorze ans d'existence, je n'avais jamais pris une décision à caractère irrémédiable. Je ne m'étais même pas fait percer les oreilles. J'essayais d'ignorer les paroles de mon père, mais j'avais des papillons dans l'estomac en faisant couler le bain et en réunissant mon matériel. Je pensais que de procéder à l'opération dans la baignoire m'empêcherait de me vider de mon sang... J'avais choisi un rasoir neuf pour l'occasion et je me proposais de le laisser sur le rebord de la fenêtre afin de le distinguer de celui de ma mère. Je me regardai droit dans les yeux dans le miroir, me demandant si j'allais remarquer une différence ensuite. J'étais toujours fermement décidée.

Personne n'est venu me déranger, ni même n'a monté l'escalier pendant que je suivais soigneusement la méthode Lawson. Les mots « toute ta vie » me trottaient dans la tête tandis que je suivais les courbes et les recoins de mes jambes. J'aperçus le mince filet de sang avant même de ressentir la brûlure de la première coupure. À la deuxième, je posai rapidement un petit carré de papier hygiénique dont j'avais préparé une pile sur le rebord de la baignoire.

En me séchant, je fus frappée de sentir ma peau aussi lisse; la serviette glissait dessus. Je retirai le papier et appliquai un peu de crème Jergens sur mes jambes, sans me soucier des coupures, les traces de mon courage. Ma féminité s'étant désormais affirmée, j'étais convaincue que le visage que j'apercevais dans le miroir avait soudain acquis de la maturité.

Lorsque je descendis dans le living, Becky était assise devant le bol de popcorn qu'elle avait apporté. Mes parents étaient partis faire une promenade avec ma jeune soeur. La maison semblait beaucoup trop calme pour un événement aussi important.

Nous avons allumé le téléviseur et j'ai allongé mes jambes en attendant le début de l'émission. J'étais sûre que Becky allait remarquer l'éclat de ma peau, pendant que nous avalions du popcorn et parlions de Katharine Hepburn et de sa liaison avec Spencer Tracy alors que le film commençait. Je patientai jusqu'à la première réclame : « Alors ? Qu'en penses-tu ? » tout en tournant et retournant mes jambes d'un côté et de l'autre, la lumière de l'écran faisant miroiter leur belle surface lisse.

« De quoi parles-tu ? » répondit-elle, intriguée. Je lui pris la main et la passai sur ma jambe gauche.

« Tu ne sens rien de... différent ? »

« Je ne sais pas. Que suis-je censée sentir ? »

« Mes jambes ! fis-je, triomphalement. Je les ai rasées ! »

« Ah bon, dit-elle en se retournant vers l'écran, je croyais que toutes les filles de douze ans et plus le faisaient ! »

Marnette K. Graff

TOUT DROIT AU SOMMET

*J*e venais de faire sortir le dernier spectateur du stade de baseball d'Arlington et m'adressai à mon superviseur : « Je désire parler au président, s'il vous plaît. » Devant son air ahuri, je répétai : « Je désire parler à Tom Schieffer, le président des Rangers du Texas. » Avec un petit sourire narquois, il se moqua littéralement de moi en m'expliquant que personne de mon niveau ne pouvait rencontrer le président. Déconcertée, je demandai : « Voulez-vous dire que le président des Rangers n'accepterait pas de parler à l'une de ses propres employées, une ouvreuse ? » Impatienté, mon superviseur me servit le boniment tout préparé sur l'emploi du temps surchargé du président d'un club de baseball. « M. Schieffer, expliqua-t-il, échange des joueurs, signe des contrats avec des commanditaires, prend note des ventes de billets, entre autres choses. Il n'a absolument pas le temps de parler avec des gens comme toi. » Je pouffai de rire.

Lorsqu'on a une bonne idée, m'a appris ma mère voilà plusieurs années, il faut en parler. J'étais d'avis, informai-je mon supérieur, que le grand patron devait prendre connaissance de la mienne et que j'allais donc lui en faire part, avec ou sans son consentement. « Habituellement, le patron est content d'entendre quelqu'un qui a des idées susceptibles de relever le moral des troupes », affirmai-je sans ambages. Mon supérieur se croisa les bras et me déclara fermement qu'il n'était pas question de parler à qui que ce soit et encore moins au président. Je le trouvai très condescendant et murmurai : « On va bien voir », en jetant un coup d'oeil au stade vide.

Le lendemain, je fis parvenir ma première idée tout droit au sommet. Mon superviseur pouvait peut-être m'empêcher de parler au président mais certainement pas de lui écrire.

Je lui envoyai donc un petit mot dans lequel j'expliquais que je trouvais la pièce de repos des employés plutôt triste, avec ses murs blancs et nus. Six cents employés saisonniers s'y rendaient quotidiennement, tour à tour, pour une pause bien méritée, après des matinées éreintantes. Sachant qu'il ne suffit pas de signaler un problème mais qu'il faut également de proposer des solutions, j'avais fabriqué des affiches aux couleurs vives destinées à rappeler aux employés la magie de faire partie du club des Rangers. Je mis mes posters et ma lettre dans une grande enveloppe et l'adressai à Tom Schieffer, président des Rangers du Texas.

Le jour suivant, je découvris la pièce de repos pleine d'énergie et de rires. On avait installé mes affiches sur les murs.

Dans les mois qui suivirent, j'envoyai fréquemment à M. Schieffer les poèmes que je composais sur le stade. Mes thèmes portaient sur les aspects divertissants et stimulants du base-ball : gagner la partie contre un puissant rival, observer un papa qui emmène son fils au stade pour la première fois, perdre avec un seul point d'écart. Je signais toujours les poèmes de mon nom et de mon titre : Marguerite, l'ouvreuse.

À la fin de l'été, j'arrivai un jour au travail et on m'assigna ma tâche pour la journée : je m'occuperais de la section du propriétaire. En ce bel après-midi ensoleillé, je passai devant le fauteuil de M. Schieffer. Il lut mon nom sur mon épinglette « Marguerite, l'ouvreuse ». « Êtes-vous Marguerite, le poète ? » demanda-t-il. Je me mis à rire et avouai que oui, en lui expliquant que j'avais de nombreuses idées qui l'intéresseraient peut-être. Je lui demandait un rendez-vous. Il sourit et acquiesça.

Plusieurs rencontres plus tard, M. Schieffer me félicita pour mon attitude positive, mon travail bien fait et mes idées neuves. Il me demanda ensuite si j'étais intéressée à « me rendre tout droit au sommet » en me proposant de devenir son assistante de direction.

Au cours de la dernière année, M. Schieffer et moi avons partagé de nombreuses idées en travaillant ensemble pour créer un esprit dynamique au sein de l'équipe d'employés du stade de baseball d'Arlington. Aujourd'hui, lorsque l'un d'eux me parle d'une idée, qu'il s'agisse d'un placeur ou d'un vice-président, je réponds toujours avec un grand sourire : « Allez voir le grand patron ! »

Marguerite Murer

MAGGIE

*J*observais la vieille dame avancer péniblement sur le trottoir, les épaules et le dos voûtés. Elle vacillait maladroitement derrière sa marchette et, en me rapprochant, je pus voir son visage ridé et ses cheveux blancs clairsemés. Un adolescent qui débordait de jeunesse et de vitalité dévalait la rue sur son skate. « Attention ! » cria-t-il en la frôlant presque. La vieille dame détourna la tête, de colère, mais j'eus le temps de voir les larmes dans ses yeux et son regard de mal-aimée. Et cela me rappela Maggie.

Je ne connaissais pas l'âge de Maggie ni quel genre de vie elle avait eu, avant de la rencontrer. Elle portait à coup sûr les marques de mauvais traitements et d'une existence difficile, et elle tressaillait au moindre mouvement brusque.

Je n'avais pas prévu d'intégrer Maggie dans notre vie. J'avais simplement emmené les enfants voir les ânes à la ferme Valean, sans la moindre intention d'en acheter un. Mais quand j'ai plongé mon regard dans leurs grands yeux aux longs cils qui me fixaient avec la candeur d'un enfant, j'ai changé d'avis. J'en voulais un.

Nous choisîmes un ânon dont le tendre museau farfouillait dans mes poches, à la recherche d'une gâterie. Petite et bien musclée, Lexy m'arrivait à peine aux épaules.

« Il lui faudra un compagnon, me dit Val, le propriétaire. Les ânes n'aiment pas vivre seuls. »

Mon désarroi dut se lire sur mon visage. L'achat d'un âne entrait tout juste dans notre budget; comment faire avec deux ? « Je ne crois pas pouvoir en acheter deux », fis-je, la gorge serrée et disant déjà adieu à Lexy.

« Eh bien, comme je sais que Lexy sera bien avec vous, voici ce que je vous propose. Je possède une vieille ânesse, trop âgée pour faire des promenades ou pour tirer une charge. Je l'ai achetée dans une foire et, pour tout vous dire, elle n'est pas très belle. Je ne trouve pas d'acheteur et je ne veux plus la garder. Mais elle a bon caractère et, si vous voulez, je vous la donne. Elle est là-bas. »

En suivant le doigt de Val, j'aperçus un âne gris qui se tenait tout seul dans son coin, à l'écart des autres qui se regroupaient autour de nous. Même à distance, je pouvais voir son pelage dru et clairsemé qui laissait apparaître la peau noire à travers. « Ne faites pas attention au pelage, fit remarquer Val. Elle a eu la gale, mais elle est guérie à présent et son poil va repousser bientôt. »

Nous nous sommes approchés. Son poil était effectivement dru, ses cils clairsemés, ses oreilles pleines d'escarres et noires à cause de la gale; de près, c'était vraiment pire. Elle était lourdaude et sans grâce. D'ailleurs, elle n'a pas relevé la tête, nous signifiant clairement son désintérêt total.

« Elle s'appelle Maggie, dit Val. Elle est habituée aux promenades et elle ne rechigne pas à ce qu'on lui mette une selle. Je vais vous montrer. » Val installa une selle sur le dos de Maggie. Elle ne broncha pas et garda la tête baissée. « Monte », dit Val en posant mon fils Nathan sur elle et en lui donnant une petite tape sur le flanc. Maggie fit quelques pas sans regarder ni à gauche ni à droite. « Vous voyez ? dit Val. Douce comme pas une et rien ne la dérange. » Maggie fit demi-tour et revint vers nous. Pendant un instant, nos regards se sont croisés.

J'y ai vu la résignation et le désespoir. Maggie savait qu'elle ne possédait plus l'énergie des autres ânes autour d'elle. Elle savait que personne ne voulait d'elle, qu'elle n'était pas désirée, qu'elle était laide et sans grâce. Elle se doutait aussi qu'elle passerait le reste de ses jours d'un propriétaire négligent à l'autre.

Je me plaçai devant elle et lui relevai le museau avec la main. « Maggie, lui murmurai-je en la regardant dans les yeux, je t'emmène avec moi. Je vais t'offrir une grange chauffée pleine de foin, de l'eau fraîche tous les jours, un pâturage bien vert et un pommier pour te mettre à l'ombre s'il fait chaud. Je vais prendre soin de toi pour toujours. »

Maggie et Lexy sont arrivées le lendemain. Lexy sauta de la remorque et se mit à galoper dans tous les sens, explorant tous les coins et recoins de son nouveau chez-soi. Maggie, elle, se dirigea doucement vers la basse-cour, stoppa et pencha la tête. Je la comprenais. Elle avait été déçue tant et tant de fois. Pourquoi aurait-elle fait confiance aux paroles murmurées par une étrangère ?

Il fallut plusieurs mois à Maggie pour qu'elle commence à apprécier sa nouvelle vie. Elle en vint peu à peu à établir son endroit favori sous le pommier, son coin à elle du pâturage, là où l'herbe était la plus haute, et sa litière bien à l'abri dans la grange. Maggie apprit à être aimée, à lever la tête pour recevoir une caresse sous la lèvre inférieure, à s'appuyer doucement contre moi pour que je puisse passer mon bras autour de son cou et à enfouir son museau dans ma poche pour y trouver la petite gâterie qu'elle y devinait cachée. Elle reconnaissait le son de ma voix et, à sa façon un peu lourdaude, descendait la colline pour venir à ma rencontre. Elle faisait entendre son braiement joyeux pour me dire bonjour depuis la grange, à mon arrivée le matin, et me collait son museau mouillé dans l'oreille pour me souhaiter bonne nuit quand je fermais la porte de l'étable le soir.

Maggie savait qu'on l'aimait, non pas pour son apparence ni à cause de ce qu'elle savait faire, mais simplement parce qu'elle était Maggie.

Elle est morte au printemps, six ans après son arrivée chez nous, dans le pâturage, de l'herbe fraîche au coin de la gueule.

Elle s'est éteinte paisiblement, très discrètement, comme elle avait vécu. Sauf qu'au moment de sa mort, Maggie se sentait aimée.

Face aux gens âgés, aux mal-aimés, et même à ceux qui ne sont guère attachants, Maggie me rappelle que l'amour coule à sens unique tant que la confiance n'est pas établie.

Patricia Wilson

VI

LA MARQUE MATERNELLE

« *La réussite n'est jamais une destination. C'est un voyage.* »

—Satenig St. Marie

DEUX CRABES

*M*ettez deux crabes dans un pot et ils grimperont sans arrêt l'un sur l'autre pour tenter d'en sortir. Sans tellement m'intéresser à l'astrologie, je n'ai jamais pu m'empêcher d'ignorer le fait que ma mère et moi sommes toutes les deux du signe du Cancer et que nos anniversaires tombent presque le même jour. D'aussi loin que je me souvienne, nous n'avons jamais été d'accord. Bien qu'un océan nous sépare, de même que des cultures et des climats différents — sans compter cinq heures d'avion dans des fauteuils exigus —, nous trouvons toujours le moyen de nous chamailler. Habituellement, un coup de téléphone tenait lieu de visite. Nous parlions de ses animaux ou de mes enfants, en fait de tout sauf de nous; nos vies personnelles étaient des territoires interdits.

Une année, à la suite d'un différend sérieux, nous avons décidé de ne plus nous adresser la parole. Les appels téléphoniques ont cessé complètement. Pas question pour l'une ni pour l'autre de faire des excuses.

Au cours de cette année-là, les mauvais jours ressemblaient à des tableaux que Norman Rockwell aurait peints dans un état de folie. Plutôt que de lire le *Saturday Evening Post*, je le roulais et je frappais mes oreillers en pleurant. Je m'assoyais près de la cheminée et j'écrivais mon journal, dont je brûlais ensuite toutes les pages. Je m'enfermais dans le placard de ma fille, avec ses vêtements sales et ses Barbies et je hurlais à en perdre la voix. Je n'empruntais que les petites routes afin que personne ne me voit parler toute seule. Les bons jours, je méditais et je visualisais parfois ma mère nimbée d'une lumière blanche. La plupart du temps, toutefois, je ne voyais rien.

Au printemps, je décidai d'aller en retraite fermée dans un monastère bénédictin de Mexico. Un crucifix en paille était accroché au mur de ciment blanc de ma chambre. Une ampoule se balançait entre deux lits simples. Un bougainvillier rose à l'extérieur de la fenêtre qui regardait vers l'est ajoutait une note de couleur. À neuf heures, le premier matin, je m'assis sur le sol en ardoise de la chapelle en plein air, avec cinquante autres personnes venues écouter les animateurs, en me demandant ce que je faisais là. Le troisième jour, pendant la méditation, je me mis à pleurer sans pouvoir m'arrêter.

« Qu'y a-t-il ? » demanda Alan.

« Ri-en », dis-je entre deux sanglots.

« Venez donc ici », c'est-à-dire en avant de la salle. Je fis non de la tête. J'avais toujours eu horreur de cela. *Ça ne me convient pas. Ça va aller. Vraiment.* Cinquante personnes attendaient. Alan et les autres animateurs, Mary et Charley, ne bougeaient pas. Chacun restait assis à me regarder. Ma tête me disait de m'enfuir et pourtant mes jambes m'ont emmenée jusqu'en avant.

« Choisissez quelqu'un pour représenter votre mère », dit Alan. Je choisis Mary parce que, pour une raison quelconque, c'est elle qui m'intimidait le plus. Mary et moi nous sommes assises par terre, face à face, les jambes en lotus et nous avons fait un jeu de rôles : elle, la mère et moi, la fille.

« Qu'est-ce que tu cherches à me dire ? » demanda-t-elle. Mon nez coulait. Après toutes ces années, j'avais enfin l'occasion de dire tout ce que je voulais à ma mère et tout ce que j'ai trouvé, c'était : « Quelqu'un a-t-il un Kleenex ? »

« Qu'est-ce que tu cherches à dire à ta mère ? » demanda encore une fois Mary.

Je m'essuyai le nez du revers de la main et pris une grande respiration. « Tout ce qui s'est passé ne compte pas et je te fais mes excuses pour t'avoir blessée. Peut-on repartir à neuf ? » Mary me prit les mains et vissa son regard dans le mien.

« Votre maman vous aime, dit-elle. Toutes les mères font des erreurs et vivent leurs propres souffrances, mais cela ne veut pas dire qu'elles en aiment moins leurs filles pour autant. »

Quelqu'un m'a glissé une boîte de mouchoirs et, même après m'être essuyé les yeux, ma version de l'histoire me paraissait confuse. Je me souvins de mon enfance et des visites au Dairy Queen pour y chercher de la crème glacée juste pour moi. Pourquoi donc ne suis-je jamais arrivée à voir le Père Noël ni à trouver la cachette des cadeaux de Noël ? Je me rappelai comment ma mère avait réussi à convaincre mon père de m'envoyer au pensionnat, lui qui était totalement contre. De doux souvenirs commencèrent à remplir ce vide que je ressentais au-dedans de moi.

Je revins de Mexico juste avant le dimanche des Rameaux. Dans l'esprit de Pâques, je concentrai mes méditations sur la libération et la renaissance. Au cours d'une de mes séances, j'imaginai la surprise de ma mère lorsqu'elle recevrait trente-cinq roses jaunes, une pour chaque année de ma vie. La carte jointe disait : « Voilà pour la première tranche de trente-cinq ans. Commençons les trente-cinq autres à venir à partir d'aujourd'hui. » Il m'a fallu trois jours pour me rappeler de passer chez le fleuriste.

Le jour de Pâques, je rendis grâce à Dieu pour toutes mes amitiés et demandai guérison. Aucune extase, ni lumière blanche ni sensation de légèreté ne m'ont envahie. Les signes de changement étaient beaucoup plus subtils. Je remarquai que je me tenais plus droite en sortant de l'église. Mes épaules étaient davantage à leur place plutôt qu'enroulées près de mes oreilles, la raideur dans le bas de mon dos, qui me donnait une démarche tassée et rigide, s'était relâchée.

Le lendemain, la petite lumière rouge de mon répondeur clignotait. Il me fallut une bonne minute pour reconnaître la voix de ma mère. Son message au ton calme se terminait par les mots : « Appelle-moi ».

Je pris l'avion deux mois plus tard pour aller fêter son anniversaire. Nous nous sommes serrées très fort et nous avons pleuré, sur nous-mêmes et l'une pour l'autre. Un océan nous sépare toujours et nous parlons encore de ses animaux et de mes enfants, mais nos désaccords sont moins fréquents et j'arrive même à apprécier davantage les moments que nous passons ensemble.

Burky Achilles

« Le plus bel héritage qu'on peut léguer à ses enfants est
de leur permettre
de vivre leur vie à leur façon
et de les laisser assumer leurs choix. »
—Isadora Duncan

DE RETOUR À LA MAISON

*M*a fille Jill avait gardé de son adolescence un côté rebelle et beaucoup d'indépendance. Dans l'ensemble, c'était plutôt positif mais, à l'époque, ses choix et sa façon de penser ne me plaisaient pas toujours. À l'âge de vingt-cinq ans, elle s'est fiancée à un jeune homme que mon mari et moi avions du mal à envisager comme gendre. Nous nous demandions si cette relation était authentique ou si elle ne venait pas plutôt du besoin de notre fille de nous prouver qu'elle était « une personne à part entière ». Comme la plupart des parents de jeunes adultes, nous étions aveuglés par notre désir de voir nos enfants heureux.

Quelques mois après leurs fiançailles, ils nous annoncèrent qu'ils allaient déménager au Texas parce qu'on offrait un poste intéressant au fiancé de Jill. Ils nous firent comprendre que leur décision était sans appel et qu'ils ne souhaitaient pas en discuter, que ça nous plaise ou non.

Nous avons tenté en vain de comprendre en quoi cette décision était sage, mais nous ne ressentions qu'une immense inutilité au fur et à mesure que le jour du départ approchait.

Au moment des adieux, nous avons été à la hauteur en nous gardant bien de manifester la crainte et l'inquiétude qui rongeaient nos cœurs. Après avoir serré ma fille une dernière fois, je l'ai regardée quitter la maison sans même jeter un coup d'œil derrière elle. Je suis restée à l'intérieur parce que je ne souhaitais pas les voir partir en voiture. Mon mari m'a entourée de ses bras quand les larmes que j'avais retenues jusque-là se sont mises à couler. Je l'ai regardé, cherchant des réponses. « Crois-tu vraiment qu'un emploi l'attend au Texas ? Vont-ils arriver à se débrouiller ? » Mon mari hocha la tête en fermant la porte, mais mon nœud à l'estomac m'indiquait qu'il n'était pas moins inquiet que moi.

Mon angoisse grandissait au fil des jours, car nous étions sans nouvelles d'eux. Mes amis tentaient vainement de me rassurer, mais personne sauf notre fils Jeff n'a été en mesure de m'expliquer le sens de ce départ. Ses paroles m'allèrent droit au cœur et il les répéta plusieurs fois. « Maman, il faut que tu lâches prise et que tu laisses Jill faire sa vie. Elle doit assumer seule le choix qu'elle a fait. N'est-ce pas toi qui nous disais toujours qu'une chute permet parfois de se sentir plus fort lorsqu'on se relève ? » demanda-t-il.

Oui, c'était effectivement ma conviction profonde et il ne me restait plus qu'à faire ce que je fais chaque fois que mon esprit s'embrouille. J'avais besoin de manifester ma foi en demandant conseil à Dieu. Le temps était venu de me défaire de la peur qui déformait mes pensées et me gardait enfermée dans cette situation difficile.

Cet après-midi-là, je restai un long moment assise en silence après le départ de Jeff. Je me recueillis et demandai une fois de plus à Dieu de m'indiquer le chemin vers la lumière. Je priai pour que tout tourne au mieux afin que chacun puisse en bénéficier. Au fur et à mesure que je me débarrassais de ma vision des choses, je sentais que je m'éveillais aux vérités qui allaient me faire du bien. Je me rendis compte que je n'avais pas perdu Jill, qu'il lui fallait simplement trouver elle-même le chemin de la maison. Elle était forte et je savais qu'elle possédait les outils nécessaires pour changer la situation si celle-ci ne lui convenait pas. J'avais seulement besoin de retrouver ma confiance en elle, que j'avais temporairement égarée. Je me retirai encore davantage dans le silence et commençai à ressentir une paix réconfortante m'envahir et remplir mon cœur.

Quelques jours plus tard, la sonnerie insistante du téléphone me tira d'un sommeil profond. Je décrochai le combiné, sans trop savoir si je rêvais ou si j'étais vraiment éveillée, et j'entendis : « Bonjour maman, est-ce que je te réveille ? Je suis désolée, mais d'habitude tu te mets au lit très tard et j'ai cru que tu ne serais pas encore couchée. Je veux seulement te dire à toi et papa que nous allons bien, et te donner un numéro de téléphone où nous joindre. » J'aurais aimé lui poser mille questions, mais j'ai choisi de l'écouter plutôt. Nous nous sommes souhaité bonne nuit et c'est à regret que j'ai raccroché, reconnaissante néanmoins pour les conseils divins que j'avais reçus.

Elle ne rappela pas avant longtemps, mais quelques mois plus tard, elle nous annonça qu'elle rentrait à la maison. Au bout de quelques semaines, ils étaient de retour à Los Angeles. Il me semblait que ces mois loin d'elle avaient duré une éternité; une immense prise de conscience s'était concrétisée. Jill vint seule à la maison pour m'annoncer très prosaïquement qu'elle avait rompu ses fiançailles.

Je l'écoutai attentivement me dire ce qu'elle voulait bien me confier et mis de côté le reste. Je crois que nous avions toutes les deux saisi la nécessité de passer outre ce que nous ne pouvions pas comprendre. Avec un immense soulagement, je reconnus une fois de plus que la vie peut nous enseigner beaucoup de choses, si seulement on arrive à faire la paix avec soi-même et à écouter la petite voix intérieure, celle qui nous éclaire en nous indiquant le bon chemin.

Jill s'est mariée avec quelqu'un d'autre trois ans plus tard. Nous avons maintenant un merveilleux gendre du nom de Charlie, qui semble ravi de m'appeler maman.

Terry Cohen

L'HÉRITAGE DE TIMOTHY

*M*on fils Timothy est né par césarienne, par une nuit froide de décembre où il neigeait. À peine avais-je entendu son premier cri que les médecins l'emmenaient aussitôt aux soins intensifs.

Timothy pesait à peine un kilo car il était né prématurément, mon corps ne pouvant plus le nourrir. D'abord, je n'ai pu le toucher que dans l'incubateur, mais deux jours plus tard, on m'a autorisée à le prendre dans mes bras dix minutes à la fois, tandis qu'il s'accrochait à la vie.

Une semaine plus tard, Timothy développa des complications. Une valvule cardiaque qui se ferme naturellement à la naissance ne s'était pas refermée. Chirurgie à coeur ouvert d'urgence. Ma famille et mes amis sont venus à l'hôpital et ont prié avec nous. Il a survécu à l'opération, mais attrapé une méningite cérébro-spinale. Timothy a perdu son combat et nous a quittés à l'âge de deux mois et demi.

Notre attention étant sans cesse concentrée sur la façon de résoudre les multiples ennuis médicaux de Timothy, nous n'avions jamais songé que sa vie serait si brève. Moi qui avais toujours rêvé d'être mère, j'avais le coeur brisé par la mort de notre fils chéri, notre premier et unique enfant, et je perdis complètement goût à la vie.

J'ai pleuré sa perte pendant plus d'un an, jusqu'à ce que je comprenne que je devais lutter pour reprendre ma vie en main, tout comme Timothy s'était battu pour tenter de garder la sienne. Et pour pouvoir aimer un autre enfant, je devais prendre le risque de le perdre. Nous avons donc fait d'autres tentatives, mais sans succès. J'ai fini par me demander si j'étais faite pour être mère.

Je me suis réfugiée dans les études et accepté que nous n'aurions jamais d'enfant. Même après l'obtention de mon baccalauréat summa cum laude, je continuais de me sentir vide et perdue.

Une amie de ma soeur avait adopté un petit Coréen et lorsque nous fûmes invités à l'anniversaire de mon neveu, j'eus la chance de le prendre dans mes bras. Après l'avoir serré bien fort, je le tendis à mon mari, Brian. Ce magnifique bébé en santé a planté sans le savoir une petite graine d'espoir dans nos coeurs.

Nous étions réticents à l'adoption, mais une force supérieure nous a poussés à entreprendre les démarches. La foi et l'espérance ont eu le dessus. Dès les jours suivants, le processus était enclenché et nous avons commencé à remplir des tas de formulaires et à mettre à nu notre vie, dans l'espoir d'obtenir un bébé à aimer.

Le processus d'adoption a ressemblé à une grossesse sans fin, l'attente étant presque insupportable. Douze mois passèrent avant que nous apprenions que nous allions bientôt adopter un petit garçon. La veille de la fête des Mères, nous recevions un appel de Corée qui allait changer notre vie. Notre précieux petit bébé était né le 23 février. Timothy était décédé le 26, trois ans auparavant.

Ironiquement, notre futur fils souffrait lui aussi d'un souffle au coeur. Notre pédiatre nous informa que les valvules se referment généralement d'elles-mêmes. Bien que pris de panique au départ, nous avons commencé à voir les similitudes de nos deux fils comme un signe. Notre armure de protection étant fêlée, nous avions l'occasion de défier la peur de perdre un autre enfant, de ne pas toujours connaître l'issue de la situation et d'apprendre à prendre des risques de nouveau.

Une semaine plus tard, j'aperçus dans la boîte aux lettres une enveloppe qui venait de Corée. Je fermai les yeux, fis une prière puis ouvris la lettre. C'était les dernières nouvelles au sujet de la santé de notre fils : la valvule s'était refermée et on ne détectait plus aucun souffle au coeur !

Deux mois après, un sac de couches, que j'avais fait et refait plusieurs fois, à la main, nous étions en route pour l'aéroport de Detroit. Je voulais croire que j'allais bientôt voir mon nouveau fils, mais mon imagination galopait. *Et si l'avion s'écrasait ? Et s'il y avait un mélange de bébés à la dernière minute ?*

Calmement, Brian et moi sommes parvenus à la barrière. Un peu comme une future maman, je sentais déjà en moi cet amour inconditionnel pour notre fils adoptif.

Je me mis à sangloter quand les portes s'ouvrirent. Des années d'attente faisaient leur effet. Les passagers et ceux qui venaient les accueillir sentirent venir un moment très spécial et se turent en me voyant crier et courir au devant de mon fils.

Mon coeur battait la chamade en le tenant tout contre moi. Mon instinct maternel se manifesta sur-le-champ, de la même façon que pour Timothy, dont je sentais la présence. Je comptai les doigts et les orteils et pris mon enfant en charge.

Aujourd'hui, Christopher a huit ans. Il a dépassé toutes nos attentes et il remplit notre vie de joie. À travers la routine quotidienne, je sais pourquoi j'existe.

Il y a cinq ans, notre fille Katherine s'est ajoutée à la famille, par une soirée froide de décembre où il neigeait. Tout comme Christopher, elle est arrivée de l'autre bout du monde. Encore une fois, j'ai senti le sourire de Timothy sur nous lorsque nous avons ramené le bébé à la maison.

Kathy Adatte Ott

« Après Aimer,
Aider est le plus beau verbe du monde. »
—Bertha Von Suttner

J'AI TOUT MON TEMPS

*J*e n'ai pas d'enfants et c'est pour cette raison que j'aime bien m'occuper de ceux des autres de temps en temps. Lorsque j'ai commencé à faire du bénévolat à l'hôpital pour enfants, je savais que j'avais choisi le bon endroit. Le centre de soins néonatals où je me rends tous les jeudis est un lieu extraordinaire, où des infirmières et des médecins réalisent des miracles quotidiennement en sauvant des nouveau-nés très malades ou très prématurés. C'est un endroit où la joie et la peine se côtoient, dans des chambres peintes en jaune, en rose et en bleu. À chaque écran d'ordinateur indiquant le niveau d'oxygénation du sang et les battements cardiaques, à chaque tube gris branché à des clignotants rouges correspond un nourrisson nécessitant des soins vingt-quatre heures sur vingt-quatre. La technologie médicale la plus perfectionnée y règne parmi les peluches et les petites couvertures de flanelle.

À titre de bénévole, j'essaie d'aider les infirmières en m'occupant de bercer et de nourrir les bébés. L'un des objectifs du centre consiste à parvenir à nourrir les nouveau-nés sans intubation ni intervention chirurgicale. Ceux qui arrivent à se nourrir et à grossir sont considérés comme tirés d'affaire. Les bébés trop prématurés et dont le développement est si peu avancé qu'ils sont incapables de téter, d'avaler et de respirer suivant une séquence normale demandent parfois des heures de patience et d'amour. La plupart des infirmières que j'ai rencontrées souhaiteraient consacrer tout le temps nécessaire à un bébé exigeant ce genre de soins, mais la réalité est tout autre dans les hôpitaux modernes. Le centre accueille parfois jusqu'à trente nouveau-nés dans la même semaine. En plus de fournir la chaleur et le contact humain qui constituent les bases de la croissance normale du cerveau d'un nourrisson, les infirmières doivent également s'occuper de mettre les données à jour dans l'ordinateur, s'assurer de la précision des notes inscrites sur le diagramme de chaque enfant, procéder à des analyses et répondre aux urgences.

La première fois que l'une d'elles m'a confié un bébé toxicomane à nourrir, j'ai senti tout mon corps se mettre en mode alerte rouge. J'ai tout de suite su, avant même que l'infirmière me donne certaines directives particulières, que cet enfant n'était pas normal du tout. J'avais entendu ses pleurs aigus et violents, qui m'avaient fait frissonner. Lorsque je l'ai pris dans mes bras, il ne s'y est pas coulé confortablement, comme la plupart des bébés. Les membres de ce petit garçon étaient rigides comme du bois et sa colonne vertébrale fine comme une baguette s'arc-boutait au toucher. Il tremblait des pieds à la tête et tétait violemment ses mains.

Ce bébé était venu au monde intoxiqué par la méthadone, que sa mère recevait dans le cadre d'un traitement contre sa dépendance à l'héroïne. La méthadone, une drogue comportant une longue demi-vie et qui est stockée dans les cellules adipeuses de l'organisme, allongerait son sevrage suivant certains facteurs tels que la dose que prenait la mère et son métabolisme, c'est-à-dire jusqu'à douze semaines ou plus. Les symptômes de sevrage avaient commencé quelques heures après sa naissance.

L'infirmière m'informa prudemment que le bébé réagissait plus vivement aux stimulations. Tous les gestes qui calment habituellement un nouveau-né « normal » n'auraient aucun effet sur cet enfant. Il était incapable d'assimiler toute forme de combinaison de stimulations, comme la voix et des caresses en même temps. Nous l'avons emmailloté de façon que ses membres ne partent pas dans tous les sens et je l'ai emmené à l'écart, dans un coin plus sombre de la pièce, serrant son biberon dans ma main et plutôt nerveuse. J'ai cru qu'il prendrait son boire très rapidement puisqu'il était qualifié de gourmand et qu'il recommencerait vite à pleurer, mais il en fut tout autrement.

Plutôt que d'avaler le biberon d'un trait, il n'en prit qu'un tout petit peu, s'arrêta, me regarda un instant puis sombra dans un profond sommeil. À son réveil, je continuai de lui caresser la tête doucement mais en la tenant fermement et il avala quelques autres gorgées avant de se rendormir de nouveau. Le manège se poursuivit ainsi durant un bon moment.

J'examinai son visage. Ce serait un beau garçon à la peau fine et aux traits réguliers. Je voulais qu'il ait les mêmes chances que n'importe quel autre enfant dans la vie. Malgré le puissant stress que son corps endurait, il tentait comme il pouvait de garder la maîtrise de son existence, songeai-je.

Tandis que je l'observais de près, je m'interrogeai sur son avenir, sur les espoirs et les rêves qu'il aurait en grandissant. Je me mis également à réfléchir à ce manège de boire puis de dormir qu'il avait adopté avec moi. Se pouvait-il que se nourrir quand il le voulait et dormir quand il le voulait soit la première expérience d'indépendance qu'il ait connue depuis sa naissance ? Y aurait-il là un début de libre arbitre ou l'héritage de sa dépendance prédéterminerait-t-il son avenir en ce monde ?

En silence, je fis un voeu. Je lui souhaitai de se libérer de la dépendance qui avait jeté une ombre sur ses premières semaines de vie. Je me dis à moi-même : *Peut-être puis-je lui donner un avant-goût de la liberté dès maintenant, un espace personnel qui lui permette un début de contrôle sur sa vie ?*

La chambre était calme. Ici et là, des infirmières donnaient le biberon à d'autres nourissons. Derrière un paravent, l'une d'elles montrait à une jeune maman comment allaiter, et leurs charmants bavardages me firent sourire.

Une autre infirmière s'approcha de moi et me dit : « Si vous voulez, vous pouvez le recoucher à présent. Le quart va bientôt changer. »

« Si vous permettez, répondis-je, j'aimerais garder ce petit bonhomme dans mes bras encore un peu. Il prend son temps pour terminer son biberon. »

« Au rythme où il va, dit-elle en souriant, il faudra certainement encore plusieurs heures. »

« Ça va, lui dis-je. J'ai tout mon temps. »

Susie Troccolo

EN HOMMAGE À MAMAN

*M*aman est morte en avril. Cinq semaines plus tard, juste avant la fête des Mères, je m'attendais encore à la voir à chaque détour de mon chemin, pour m'embrasser ou m'offrir un mot d'encouragement.

Je savais que cette première fête des Mères sans elle serait difficile. Un sentiment flou mais puissant grandissait en moi au fur et à mesure qu'on se rapprochait du dimanche en question. Chaque année, j'avais toujours rendu un hommage spécial à ma mère ce jour-là et j'avais l'impression de nier sa présence si je ne faisais rien. Je savais que je devais marquer l'occasion, mais je n'avais aucune idée. Je décidai que je pouvais très bien lui acheter un cadeau, même en son absence. Pour la remercier de tous les merveilleux souvenirs; un cadeau qui dirait : « Je t'aime très fort. »

Maman raffolait des statuettes en porcelaine. À ma demande, mon père et mon fiancé m'accompagnèrent pour en faire l'achat. Au bout de quelques recherches, j'arrêtai mon choix sur une minuscule sculpture en céramique d'une petite fille portant un grand chapeau de paille, en train de planter des fleurs en pot, un sachet de graines dans la poche. Une jardinière, comme maman, qui avait semé l'amour, la compassion et la force en moi.

Mon mariage étant prévu un mois plus tard, je me sentais pareille à une petite fille — qui se serait comportée de manière confuse mon corps de femme mûre. J'avais eu une mère pendant quarante ans et pourtant je me sentais orpheline. Au fur et à mesure que le jour du mariage approchait, la peur m'envahissait de plus en plus. Je ne voulais pas me concentrer sur son absence plutôt que sur la joie de la célébration de notre union.

Des amis m'affirmaient que je serais trop occupée pour être triste. D'autres me suggéraient de prendre un calmant. Mais personne n'arrivait à me convaincre jusqu'à ce que l'un de mes mentors, un professeur de psychologie, ne m'apporte la sagesse et la compréhension dont j'avais besoin. « Ne cherche pas à nier tes sentiments, dit-il. La mort de ta mère est trop récente. Tu aurais voulu qu'elle soit là pour partager cet événement et c'est normal, alors fais comme si elle allait y être ! Passe un moment seule avec elle le matin. Parle-lui de ce que tu ressens et de ce que tu vis. Pense à ce qu'elle aurait fait ce jour-là, si elle avait été vivante, et porte à ton mariage quelque chose lui ayant appartenu. »

Ma gorge se serra et mes yeux se mouillèrent. Je savais désormais quelle direction prendre. Je sortis les bijoux que papa m'avait donnés après les funérailles. Les boucles d'oreilles en perles ivoire allaient symboliser un objet emprunté et le collier assorti s'harmonisait très bien à ma tenue de voyage.

Ce n'est que quelques jours plus tard, tout juste avant le mariage, que mon regard s'arrêta sur la statuette de la petite fille et ses fleurs. Je décidai d'accepter son offrande et j'apportai la figurine à la cérémonie pour représenter l'âme de maman. Je l'appelai Alice, du nom de ma mère, et la posai près de l'album des invités pour leur souhaiter la bienvenue. Au cours de la réception, elle présentait son bouquet de fleurs pastel à côté du gâteau de noces. Alice figurait dans bon nombre des photos prises par le photographe. Une amie très chère veilla à ramener Alice à la maison après que mon mari et moi soyons partis en voyage.

Je pense encore souvent à ma mère, surtout lorsque j'ouvre le livre de mon mariage ou que je feuillette l'album-photo et que j'aperçois Alice parmi les invités. Bien sûr, aucune sculpture ne pourra jamais remplacer ma mère, dont la vie et le souvenir remplissent mon coeur. Mais si un jour son souvenir s'efface, il me suffira de passer ma main sur l'étagère où j'ai installé la collection croissante de figurines de porcelaine, une pour chaque fête des Mères depuis sa mort. Elles sont les témoins fidèles de mes souvenirs. Elles me sourient et j'entends ma mère me dire : « Carolyn, je serai toujours près de toi. »

Carolyn Masters

AU VOLANT

Je te regarde, fière de te sentir adulte, dans le siège du conducteur. Un permis rangé dans le petit sac à main à côté de toi indique que tu es prête à conduire une voiture. Mais moi, suis-je prête ? Jusqu'à tes seize ans, tu dois être accompagnée d'un adulte. Il me faut respirer profondément, maîtriser ma nervosité et espérer que je ne finirai pas par faire un trou du côté passager, à force de freiner à ta place.

Les pensées se bousculent dans ma tête (Tu as à peine freiné au dernier stop... !) Se peut-il que cette jeune femme au volant soit mon enfant ? (Regarde la route, ne touche pas au bouton de la radio…Tu n'aimes pas les vieilles chansons ?)

J'examine ton profil. Tes traits de bébé ne sont plus qu'un souvenir, ton allure de petite fille a disparu, sauf pour quelques taches de rousseur qui subsistent encore. Notre conversation ressemble à celle de deux amies qui auraient rendez-vous quelque part. Mais, au fait, où allons-nous, toi et moi ? Tu es en route pour mordre dans la vie à belles dents et moi je suis en train d'apprendre à lâcher prise. (Excellent, ton virage à gauche.)

Où donc ta route te mènera-t-elle ? T'avons-nous bien préparée pour l'avenir ? Mon esprit fait l'inventaire de ce que nous t'avons appris, un peu comme une maman qui vérifie pour la centième fois le contenu du bagage de son enfant avant son départ pour le camp d'été. Voyons voir... T'avons-nous donné suffisamment d'amour ? J'en ai tellement pour toi.

Des connaissances ? J'ai toujours été très fière de toi à ce chapitre.

Du bonheur ? J'aimerais pouvoir t'en offrir à l'infini, mais c'est toi le seul maître à bord. Tu trouveras ton bonheur dans les choix que tu feras et auprès des gens avec lesquels tu les partageras. Sois sage dans tes choix. (Puisses-tu me demander de prendre le volant avant d'embarquer sur l'autoroute !)

La foi ? Oh, ma chérie ! Te rendras-tu compte qu'il en faut beaucoup dans la vie ? Je peux presque entendre ta voix de petite fille réciter tes prières avant de dormir, tandis que je te bordais. As-tu vraiment conscience que, hormis auprès de ta maman, c'est dans la prière que tu trouveras la force et le réconfort ? Le véritable défi dans la vie sera toujours d'avoir la patience nécessaire pour que ton cœur accueille les réponses de Dieu... même quand ce ne seront pas celles que tu voulais entendre.

Tant d'incertitudes accompagnent le don précieux de la vie. Je ne serai pas toujours à tes côtés pour te guider. (Arrivons-nous bientôt ?)

Je suis sûre de certaines choses cependant. Sache que je t'aimerai à chaque minute de ta vie. Sache que si tu perds espoir, ta foi te sauvera.

La voiture est à présent arrêtée et la sensation des clefs dans ma main est extrêmement agréable... Ma fille me regarde et me demande ce que je pense de notre promenade. Je la félicite et je me sens un peu idiote d'avoir été si nerveuse. Elle a eu tant et tant de fois confiance en moi; aujourd'hui, c'est à mon tour de lui faire confiance.

Je fais une brève prière au Seigneur pour m'avoir donné ma fille (et pour le retour sain et sauf de ma voiture au garage). Je peux presque l'entendre me rassurer tendrement : *Souviens-toi que le jour où elle te quittera, je serai toujours auprès d'elle pour guider son chemin. (Tu peux lâcher le frein à présent.)*

Peggy Kline

UNE FIN ET UN COMMENCEMENT

*L*e désagréable sentiment que je devais rendre visite à ma mère, en Californie, persistait. J'épluchai les raisons logiques de ne pas y aller, mais me retrouvai rapidement à court d'excuses. Je savais que maman se portait mieux, malgré son infarctus dix-huit mois auparavant, mais je ne l'avais pas vue récemment. Depuis la mort de mon père, quatorze ans plus tôt, notre relation avait été assez tiède, sinon orageuse parfois. Avec son humeur égale, papa tempérait le caractère entêté de ma mère mais lorsqu'il est parti, tout a changé.

J'étais très proche de mon frère car nous étions les deux seuls enfants de la famille. Nous venions de la génération où les problèmes personnels étaient éludés. Il ne fallait pas en parler. Sans revenir sans cesse sur le passé, nous avions tous les deux fait notre possible pour essayer de nous comprendre.

Maman venait nous rendre visite deux fois par année et je pleurais chaque fois qu'elle repartait. Elle croyait que c'était à cause de son départ, mais c'était parce que nous ne parvenions jamais à combler le fossé entre nous.

L'infarctus l'avait diminuée : elle ne pouvait plus parler, ni écrire ni se mouvoir. Au début, nous avons cru qu'elle retrouverait toutes ses capacités, mais au bout de quelques mois, il était évident que cela ne se produirait pas. Maman a choisi de rester dans une résidence pour convalescents plutôt que de venir habiter avec nous. Elle nous envoyait un petit mot chaque semaine. Je gardais le contact avec ses amies et, ensemble, nous arrivions à nous occuper de maman. Ça n'était pas idéal, mais ça allait.

Lorsque je suis arrivée à la résidence, j'ai rencontré le personnel. L'état de ma mère s'était dégradé et on me demanda si je désirais autoriser les traitements médicaux qu'elle avait refusés à son admission. Après que je lui aie bien expliqué la situation, maman a secoué la tête énergiquement pour signifier qu'elle refusait absolument toute mesure extraordinaire. En larmes, j'informai le personnel de veiller à son confort et rien de plus.

Comme je devais rentrer quelques jours plus tard, je savais que je ne la reverrais sans doute plus. Je lui brossai les cheveux, lui massai les épaules et lui mis de la crème sur les mains. Je lui parlai de certains bons moments que nous avions passés ensemble. Mon bavardage n'a eu aucun écho mais j'espère qu'elle a apprécié.

Il me tardait de partir et je fis une prière : *C'est la dernière fois que je la vois vivante. Que puis-je dire pour rejoindre son cœur ? Que puis-je faire ?* Les mots me sont venus tout de suite : « Maman, je sais que nous n'avons pas toujours partagé les mêmes opinions, mais je t'ai toujours aimée. » Je désirais désespérément une réponse mais elle n'est pas venue. Était-ce à cause de son incapacité de communiquer ou parce qu'elle ne voulait pas ? Je ne le saurai jamais. Je suis partie le cœur brisé de ne pas nous être réconciliées. J'avais fait ce que je pouvais mais la distance demeurait entre nous.

Six jours plus tard, c'est une de ses amies qui m'a appris la nouvelle. Maman était morte paisiblement, sans souffrance ni combat. Les quarante-huit heures qui ont suivi sont vagues mais, à l'aide de documents envoyés par fax et par *Federal Express* plus quelques coups de téléphone, nous avons réussi à respecter les dernières volontés de maman concernant ses funérailles. Une fois toutes les formalités remplies, j'ai de nouveau été confrontée à mes sentiments.

J'avais toujours appréhendé le jour de l'enterrement de ma mère. Elle connaissait tellement de gens et leurs opinions sur ma relation avec elle au cours des années variaient d'une personne à l'autre mais n'étaient en général pas très favorables. J'avais reçu des appels de gens qui ne savaient même pas que nous gardions le contact avec elle. Certains étaient d'avis que nous aurions dû la prendre avec nous après son attaque, même contre son gré. Au service, j'aurais souhaité porter un badge proclamant : « Je ne suis pas celle que vous croyez ». Je n'aime pas les funérailles au départ, mais de savoir que des gens qui nous jugeaient mal allaient y assister rendait l'événement plus inconfortable encore.

Pendant que le pasteur parlait, une chose étrange se produisit. Je sentis soudain que je devais m'adresser à l'assistance. « Oh, non, Seigneur, vous n'allez pas me demander de parler. » L'urgence s'en faisait de plus en plus sentir. Je me tortillai sur mon banc en essayant de réfléchir logiquement. Ma famille (surtout mon mari, qui me retenait par la veste pour m'empêcher de me lever) appréhendait ce que j'allais dire. Les yeux écarquillés et la bouche ouverte, ils me regardèrent me lever et obéir à Dieu.

Je sais exactement comment David s'est senti avec sa fronde, face à Goliath. Lorsque je me suis tournée face à la foule, toute trace de peur, d'amertume et de préoccupation à l'égard de ce que les gens pouvaient penser a disparu. Un sentiment de paix m'a envahie et, en un clin d'oeil, Dieu a guéri mon coeur. Remplie d'amour et de reconnaissance pour tous ces gens qui avaient enrichi la vie de ma mère, je leur ai exprimé ma profonde gratitude. Je les ai remerciés de s'être glissés dans sa vie pour reprendre le flambeau alors que nous étions si loin d'elle. lorsque j'avais revu maman huit jours plus tôt, leur ai-je confié, elle était prête à mourir. Je leur ai fait part de ma reconnaissance pour l'amour et le dévouement qu'ils avaient manifestés à ma mère pendant toutes ces années.

Franchement, je ne me rappelle pas tout ce que j'ai dit, mais je me souviens de l'immense sentiment de liberté qui m'a envahie tandis que je remerciais ces gens d'avoir fait partie de la vie de maman. En me reprenant ma place, je sus que Dieu avait fait un miracle, et ma vie en a été profondément transformée.

Plus tard, en quittant le cimetière, je n'étais pas triste. Je ressentais plutôt une grande plénitude. Comme une prisonnière que l'on vient de libérer et qui revoit enfin la lumière du jour. Plus tard, je sus que mon frère avait ressenti exactement la même chose.

J'ai beaucoup appris de cette expérience. Je crois être devenue une meilleure personne. Je sais que j'ai changé. Je fais désormais confiance à mon jugement personnel. Et je sais, avec certitude, que Dieu peut réaliser des miracles si on choisit de lui obéir.

Bizarrement, je n'éprouve toujours aucune tristesse. J'imagine ma mère en train de parler, de rire et de marcher dans les grands champs de verdure du paradis, après tant de mois de silence et de paralysie dans un fauteuil roulant.

Elle est en paix et moi aussi. C'est la main de Dieu qui nous a rapprochées.

Lynne Swartzlander

VII

PETITES ANECDOTES MAISON

« Il faut rire chaque fois qu'on peut. »

—Jessamyn West

LEUR COMPTE EST BON...

*J*e pouvais observer la crise de l'énergie atteindre son paroxysme dans notre propre cuisine, de plus en plus remplie de gadgets automatiques. Les comptoirs commençaient à ressembler au rayon des articles ménagers d'un magasin à rabais surchargé de marchandise, sur le point de tout mettre en solde avant de fermer. En fait, le seul objet mobile sans fil était mon mari, Hank, qui possédait un moteur intégré, surtout quand il s'agissait d'aller magasiner d'autres gadgets !

Quand nous nous sommes mis en ménage, le seul appareil électrique que nous avions était un grille-pain automatique. Au petit-déjeuner, Hank, rêvait devant les fentes de l'appareil et, lorsque le ding annonçait que les rôties allaient surgir, il sursautait en même temps.

Nous avons ensuite fait l'achat d'une cafetière automatique. Si Hank n'était pas tellement fasciné par le grille-pain, il ne se lassait pas de regarder l'eau se transformer en café dans le récipient en verre.

Puis, ce fut au tour du presse-jus. Son ronronnement strident contrastait avec le goutte à goutte régulier de la cafetière et le bruit sec du grille-pain qui éjectait les rôties.

Le solo étoile de notre orchestre matinal demeurait cependant l'appareil à faire bouillir les oeufs. La notice explicative indiquait : « La façon la plus simple et la plus rapide de faire cuire un oeuf ».

Pour la rapidité, c'était exact, mais rien de moins sûr pour la simplicité. Voici comment il fallait procéder : d'abord, à l'aide d'une aiguille fine, percer un trou à l'extrémité étroite de l'œuf de façon à le laisser respirer durant la cuisson; ensuite, placer l'œuf à l'envers afin qu'il puisse bouillir tout en respirant; troisièmement, ajouter une cuillerée à thé d'eau au fond du récipient pour obtenir un oeuf mollet (les quantités d'eau variant pour un oeuf à la coque ou cuit dur).

Après chaque utilisation, je rangeais consciencieusement les cuillers à mesurer à l'intérieur, ainsi qu'une provision d'aiguilles. Un jour, cependant, Hank oublia de retirer l'arsenal de l'appareil avant de le brancher. Nous n'avons pas mangé d'œufs ce matin-là, mais nous disposions de tous les instruments stériles nécessaires à une chirurgie mineure.

Nous réservions la baconnière et la gaufrière aux samedis, aux dimanches et aux congés fériés. Absorbé par le bacon grésillant et la cuisson des gaufres, Hank n'avait pas le temps de lire le journal. Une baguette de chef d'orchestre aurait été plus appropriée.

Le jour où il a rapporté un mélangeur à la maison fut un événement. Cet appareil faisait tout : mélanger, râper, émincer, remuer, hacher, mettre en purée, fouetter, liquéfier et réaliser des boissons frappées (ou du moins, c'est ce que Hank prétendait, essoufflé par l'énumération de la longue liste de possibilités).

Hank était tellement surexcité par les innombrables qualités du mélangeur qu'il y mit un bouquet de chou-fleur et fit l'essai de chaque vitesse, en observant les lames tourner, sans se lasser. Finalement, il obtint un choufleur frappé.

Les trois autres petits électroménagers qu'il se procura ensuite furent une machine à hamburgers, une cuisinière à hot-dogs et un appareil à fabriquer du beurre d'arachide. Une anecdote accompagne chacun des trois.

Une machine à hamburgers est utile si vous vivez seul et que vous n'avez pas envie de vous rendre au fast-food du coin.

Mais pour nourrir deux personnes et plus, c'est nettement moins intéressant. Une fois le troisième invité servi, le premier attend son deuxième hamburger.

Le problème se pose différemment pour l'engin destinée à cuisiner des hot-dogs. On peut peut-être y mettre six hot-dogs à la fois mais le bidule les cuit à une telle vitesse que les pauvres sont soumis à une forme de jet-lag et rétrécissent au point qu'il en faut deux pour composer une portion.

Reste donc l'appareil à fabriquer du beurre d'arachide. Aujourd'hui, tous les supermarchés en offrent différentes variétés : du crémeux, du croquant et même le genre « à l'ancienne ». C'est extra, pas vrai ? Notre machine, elle, fabriquait une variété indéterminée, c'est-à-dire un beurre d'arachide trop épais pour préparer un milk-shake mais trop liquide pour le tartiner sur du pain. Jusqu'à nouvel ordre, l'objet se trouve remisé dans une armoire.

Un jour, l'inévitable s'est produit. Hank a acheté un appareil qui pouvait tout faire sauf planifier les menus et régler la note d'épicerie : un robot culinaire.

Selon la brochure accompagnant la pièce de résistance, après vous être servi de cette « merveille des temps modernes », vous étiez censé vous demander comment vous aviez pu vous en passer jusque-là. Ce robot était en effet époustouflant. Le plus élaboré des gadgets, il comportait neuf accessoires. L'un coupait et tranchait les légumes, un autre râpait le fromage et le chocolat, un troisième hachait la viande crue ou cuite; il y avait aussi celui qui mettait en purée et un autre destiné à cuisiner une mousse en une minute.

La perspective d'obtenir une mousse en si peu de temps séduisit Hank au point qu'il décida d'en préparer une le soir même. Il rencontra cependant une première difficulté : la recette commandait quatre blancs d'oeufs mais le robot ne comportait pas l'accessoire qui se serait chargé de séparer les blancs des jaunes. En conséquence, il fallut douze oeufs pour obtenir quatre blancs.

Pendant que Hank se concentrait sur cette opération, dois-je le préciser, le chocolat qu'il avait mis à fondre a roussi dans la casserole. Comme il n'y en avait pas d'autre en réserve, nous avons convenu qu'il s'agirait d'une mousse-minute brûlée.

Chaque ingrédient devait être mélangé pendant précisément douze secondes et trois-quarts dans le robot. Je surveillais ma montre tandis que Hank faisait fonctionner l'appareil et ses neuf accessoires. Avec un sentiment de grande victoire, il extirpa fièrement la mousse au chocolat brûlé du récipient. Il y en avait pour quatre personnes. Or, nous étions six.

En comptant le temps de nettoyage, il fallut à Hank une heure et huit jaunes d'oeufs en trop pour obtenir cette mousse minute.

L'expérience déclencha une réaction en moi. Le lendemain matin, quand mon mari eut quitté la maison pour se rendre au travail, je sortis tous les gadgets qui trônaient dans la cuisine — depuis le grille-pain qui faisait jaillir les rôties jusqu'au robot culinaire miracle — et les alignai parfaitement, sous la porte du garage.

Après avoir jeté un dernier coup d'œil à tout cet arsenal d'acier inoxydable, d'acier trempé, de verre et de Teflon, je reculai, bien déterminée.

Lorsque j'ai appuyé sur le bouton de *mon* gadget favori, la porte automatique du garage s'est irrémédiablement refermée, dans un grand fracas doux à mon oreille...

Lola D. Gillebaard

HOUSTON, NOUS AVONS UN PROBLÈME !

Mes deux jumelles de quatre ans ont entrepris récemment leur grand périple scolaire en entrant à la maternelle. Seize petits au regard brillant accompagnés de deux merveilleuses éducatrices s'apprêtaient à s'embarquer en mission pour étudier les mystères de l'univers, le thème de l'année. Parmi les créatures de l'espace qui se balançaient au plafond et les étoiles qui scintillaient au-dessus de ma tête, je dis au revoir à mes petites voyageuses en les embrassant. J'avais les yeux remplis de larmes et mon cœur battait la chamade. Mais je ne ressentais pas le chagrin de voir mes filles entrer dans une galaxie inconnue et de perdre tout contrôle sur les peurs qu'elles pourraient connaître. Non, en fait, ce qui me terrifiait était un véritable cauchemar : les collations !

À titre de parent de deux jeunes astronautes, j'avais pour mission de fournir les collations de tout l'équipage, deux jours consécutifs, toutes les deux semaines. Burk ! Notre vie quotidienne était déjà très désordonnée et il nous arrivait même de patauger dans le chaos total. Très absorbés par notre vie professionnelle, mon mari et moi parvenions à peine à nous préparer à dîner le soir, et voilà qu'il faudrait nous occuper des goûters des enfants de la maternelle qui coûtait aussi cher que mes frais de scolarité au collège !

Manquant d'expérience dans le domaine des collations, nous avons observé nos prédécesseurs. Le premier jour, James apporta des petits biscuits en forme de poissons, des quartiers de pomme et du jus de raisin; un bel effort. Le jour suivant, Meggan avait du raisin rouge, des biscuits graham et du jus de pomme, autre choix judicieux. Le troisième jour, mes filles se plaignirent qu'Allison avait apporté un plus grand nombre de biscuits et de quartiers de pomme. Il apparaissait clairement que le goûter constituait la composante essentielle de la réussite de la mission spatiale.

Le quatrième jour, les explorateurs se trouvèrent propulsés dans une toute nouvelle galaxie. La célébrité de Zach fut littéralement consacrée grâce à ses biscuits aux brisures de chocolat accompagnés de lait. Pour compliquer davantage les choses, il les avait confectionnés avec son père, ce qui les rendait non seulement plus attrayants mais en outre politiquement corrects. Il avait ouvert la porte à un autre genre. Les collations composées de brownies, de petits gâteaux, de crème glacée et de tartelettes à la guimauve charmaient désormais l'équipage du vaisseau spatial.

La pression est montée d'un cran lorsque Brittany s'est présentée avec un tupperware rempli d'extra-terrestres comestibles. De petites créatures dont le corps était fait de Rice Kispies, les yeux en M&M et la tête garnie d'antennes en réglisse rouge !

Mes enfants n'avaient jamais avalé de bonbons avant l'âge de trois ans. Avant d'entreprendre leur carrière d'astronautes, le simple fait d'avoir droit à un morceau de chocolat était un événement pour elles. Que doit faire un parent qui travaille mais qui se soucie d'une saine nutrition, face à un défi pareil ? Commander du yogourt glacé de la NASA ? Déguiser des bouquets de brocoli en arbrisseaux de la planète Pluton ? Ridiculiser mes petits anges auprès de leurs camarades ?

Après avoir évalué la situation, nous avons décidé de rendre nos filles responsables de leurs goûters. À bord de notre véhicule terrestre, nous nous sommes rendus au centre d'approvisionnement de la station spatiale, c'est-à-dire à l'épicerie. L'une a choisi du jus rose (un mélange de canneberges et de framboises), des muffins aux graines de pavot et des raisins secs. Elle est sans aucun doute la seule aventurière du système solaire à raffoler de ces gâteries. Sa soeur a opté pour une des collations préférées des astronautes de la NASA : des barres de céréales, des quartiers d'orange et une boisson de première nécessité dans n'importe quel univers : de l'eau.

En route vers la station spatiale, je savais que leurs choix allaient sans doute entraîner la grève chez leurs camarades explorateurs. Au contraire, leur audace les a menées là où peu d'êtres avant elles ne s'étaient aventurées et elles se sont régalées à la perspective de sauver leurs compagnons d'un trou noir alimentaire.

Deux semaines passèrent et ce fut de nouveau leur tour de fournir le goûter. Ma première astronaute déclara qu'elle apporterait des biscuits garnis de bonbons et de guimauves, accompagnés de boisson gazeuse. La deuxième se bagarra pour des boules de crème glacée à la limette et des gâteaux à la crème en forme de Martiens.

Il s'avère qu'aucun commandant de mission ni d'astronautes en herbe ne peuvent remplir les trous noirs sans aide. Je devrai donc quitter mon emploi pour me consacrer aux exigences culinaires de petits aventuriers en mal de goûters. D'ailleurs, il se pourrait que le prochain soit composé de carottes enrobées de chocolat.

O. C. O'Connell

« La patience est innée chez les mamans.
Heureusement car, sinon,
elles dévoreraient leur progéniture
dès la naissance, comme des petits poissons. »
—Mary Daheim

PAROLES TROMPEUSES

Tenter de convaincre mon fils Jeremy de l'importance de faire des études universitaires pour réaliser le « rêve américain » était peine perdue. Comme la plupart des jeunes de son âge, il était fasciné par les célébrités et rêvait de devenir une star du rap ou un autre Michael Jordan.

Comme il s'apprête à terminer son cours collégial dans un an, je sens l'urgence de ma mission et je ne manque jamais une occasion d'utiliser les exemples concrets que la vie nous fournit pour illustrer comment mes études m'ont été utiles.

Il y a environ un mois, je me suis offert un magnétoscope et un téléviseur pour installer dans ma chambre. Après avoir vainement tenté pendant une heure de brancher les appareils, j'ai rendu les armes et demandé l'aide de Jeremy. Il ne lui a fallu que quelques minutes pour y arriver.

Tous les fils étaient raccordés et les appareils programmés en un rien de temps, grâce à son talent pour assembler les choses. Lorsqu'il eut terminé, il déclara avec un petit sourire narquois : « Voilà à quoi servent des études universitaires ! »

Jennifer Brown Banks

TU ES POUSSIÈRE
ET TU RETOURNERAS POUSSIÈRE

*H*ier, un vendeur d'aspirateurs s'est présenté à la porte. Cela ne se produit jamais. En effet, j'habite à quinze kilomètres de la ville et il faut traverser un canal et faire face à trois chiens pour parvenir jusqu'à la maison. J'étais donc plutôt surprise.

Le vendeur semblait avoir dix-huit ans. Il avait un défaut d'élocution et une coupe de cheveux qui le rendait sympathique. Voilà pourquoi lorsqu'il m'a dit : « Je suis rémunéré si vous me laissez entrer pour vous faire une démonstration. Ça ne prendra que vingt minutes », j'ai accepté. Pourquoi pas, après tout ? Mon mari se trouvait à proximité, dehors et je n'avais pas grand-chose à faire, de toute façon.

Il a sorti deux grandes boîtes et commencé à assembler cet aspirateur de luxe. Je ne me rappelais pas la dernière fois que j'avais vu un aspirateur neuf, mais en admirant tous ces gadgets chromés, j'avais l'impression d'observer l'assemblage d'une petite voiture sport dans le confort de mon foyer. Une fois qu'il eut terminé et qu'il eut placé l'appareil au beau milieu de la pièce, j'étais éblouie.

Après m'avoir laissé le temps de m'émerveiller, il s'est tourné vers moi et m'a dit : « Il me faudrait votre aspirateur afin que je puisse vous montrer à quel point celui-ci lui est supérieur. » Il me vint à l'esprit qu'il aurait été formidable de pouvoir sortir de mon placard un aspirateur dernier cri et ainsi de déstabiliser le vendeur en le laissant pantois. Mais plutôt que de lui gommer son sourire triomphant, j'ai dû marcher sur mon orgueil.

Je suis allée chercher mon aspirateur. Je n'avais jamais remarqué à quel point il était vieux et usé. Je me sentis coupable, un peu comme si je venais de regarder plus attentivement mon mari et de me rendre soudainement compte qu'il en était aux derniers stades d'une maladie fatale. Je traînai mon antiquité délabrée, avec son gros tuyau gris scotché au fil, sa roue arrière droite, bancale depuis le jour où mon fil l'avait écrasé sous un pneu après avoir nettoyé sa voiture. Le vendeur mit rapidement mon aspirateur en marche et commença à passer et repasser sur une petite surface de moquette. Il n'avait pas la moindre chance de se mesurer à l'autre. Je savais qu'il ne nettoyait pas très bien les tapis. Le sac devait dater du ménage d'après-Noël et contenir environ la moitié des aiguilles du sapin desséché. Je le savais parce que le parfum de sapin embaumait encore un mois plus tard quand je passais l'aspirateur.

Lorsqu'il eut terminé, il mit soigneusement l'ancien combattant de côté avant de reporter son attention sur l'autre machine. Dès qu'il la fit démarrer, le sol a commencé à vibrer. Le tapis reprenait vie en se soulevant du plancher pour adhérer amoureusement au viril appareil. C'était étonnant. Au bout de quelques secondes, le vendeur coupa le contact et ouvrit le conduit d'aération. Il en sortit un filtre rond qui avait ramassé un centimètre de sable, de poussière et de poils de chat. L'aspirateur n'avait pourtant pas bougé. Je n'en revenais pas. Moi qui croyais vivre dans une maison impeccable, voilà que je découvrais qu'elle était dégoûtante de saleté ! Je m'étais leurrée tout ce temps ! Aussi bien habiter une hutte !

Satisfait de ma réaction, le vendeur ouvrit ensuite une boîte pleine d'accessoires, c'est-à-dire des brosses conventionnelles, mais il les mit de côté pour me montrer plutôt un truc avec des dents au bout. « Voici un accessoire très utile qui sert à masser et à brosser vos animaux. » (J'ai imaginé la scène : Mise à feu des moteurs ! Petits, petits, approchez, je vais vous passer l'aspirateur sur la tête...) Il me montra ensuite comment le même accessoire pouvait servir à changer une ampoule et à déboucher l'évier. Il me fit la démonstration du shampouineur, des brosses rondes, des brosses plus larges et de tous les autres gadgets, y compris un machin qui, d'après lui, était d'une grande utilité puisqu'il était destiné à souffler un radeau ! (J'imaginai une belle journée d'été : Hé, les enfants ! Nous allons au lac pour la journée. Mettez l'aspirateur dans la voiture !) Cet accessoire était loin de me convaincre, mais je m'amusais.

Une heure plus tard (il avait pourtant dit vingt minutes), le vendeur modifia son discours et se mit à parler d'un investissement pour la vie, de l'importance de faire des choix avisés, de la vie trop courte pour perdre du temps à faire le ménage et de la qualité dont on se souvient longtemps après en avoir oublié le prix. Et il parla prix, justement. J'abordai le revenu net. Il insista sur la grande valeur du produit. Je parlai de prix réaliste. Il proposa un plan d'achat en plusieurs versements. Je finis par lui dire que je devais songer à la préparation du dîner.

Il est parti. J'ai marché sur ma moquette toute propre, roulé le fil de mon fidèle aspirateur et rangé le tout dans le placard de l'entrée. Finalement, je me suis dit que j'allais pouvoir vivre avec un peu de poussière. Après tout, la vie est trop courte et nous sommes tous dans le même bateau. Tu es poussière et tu retourneras poussière...

Lillian Quaschnick

*« Bien mieux que le père Noël,
ta sœur sait si tu as été gentille ou pas. »*
—Linda Sunshine

C'EST LA « FÊTE » À MA SŒUR !

Malgré nos prises de bec, je serais bien bête de demander qu'on m'échange ma sœur. Lorsque j'étais tout bébé, m'a-t-on dit, ma sœur, alors âgée de deux ans, me berçait et tenait absolument à changer mes couches. Des années plus tard, alors que je me débattais entre le collège et l'université, elle m'a réconfortée en m'offrant le gîte et le couvert. Entre ces deux étapes de ma vie, je ne me rappelle que deux périodes durant lesquelles ma sœur et moi avons été des ennemies.

Quand nous étions à l'école primaire, ma sœur s'est cassé la jambe. Jouer à la mère ne l'intéressait déjà plus à l'époque. Elle préférait jouer de sa force. Chaque fois qu'elle souhaitait avoir le dessus sur moi, elle m'épinglait par terre avec sa jambe. Elle me tyrannisait, même si je dois avouer que je n'étais pas un ange non plus. Puis, vint la puberté ! Sa personnalité empira au fur et à mesure que ma taille se rapprochait de la sienne et que je commençai à porter ses vêtements sans sa permission. Elle explosait de colère chaque fois qu'elle me prenait en flagrant délit. Nos rapports sont restés tendus tout le temps où je lui ai chipé ses fringues.

Bien entendu, il y avait notre querelle quotidienne au sujet de la vaisselle. Chaque fois que c'était à mon tour de laver et à elle, d'essuyer, elle remettait systématiquement la moitié des assiettes dans l'évier en prétextant qu'elles étaient encore sales. Un soir, son manège m'énerva suffisamment pour aller m'en plaindre à mon père. Absorbé dans une émission à la télé, il ne m'écoutait pas vraiment mais a acquiescé quand je lui ai demandé la permission de lancer les restes de spaghetti à la figure de ma sœur. Je n'ai pas hésité et j'ai couru à la cuisine pour exécuter mon projet sur-le-champ. Comme dans les films, je lui étalai la nourriture sur tout le visage.

J'avais enfin ma revanche ! Je me rappelle m'être sentie très fière de mon coup et contentée, pour une fois. Quant à elle, elle était tellement ahurie qu'elle n'a pas réagi. J'avais réellement eu le dessus sur elle et elle cessa dès lors de me harceler. Elle n'a en effet jamais recommencé.

Aujourd'hui que nous sommes adultes, nous apprécions la compagnie l'une de l'autre et sommes de grandes amies. Nous partageons le même genre d'humour et rions souvent des anecdotes de notre enfance. Nous avons réussi à transformer nos expériences communes en leçons de sagesse qui nous aident à composer avec les difficultés de la vie.

Par exemple, elle me recommande souvent de « lancer des spaghetti à la figure » de quiconque ne me traite pas de façon convenable. Ou, si je ressens le besoin de m'aérer, elle me conseille de « prendre un gâteau et de le mettre en pièces », en référence à ma réaction un jour qu'elle avait avalé presque tout le glaçage d'un gâteau que je venais juste de sortir du four. Les étages étaient empilés de travers, les miettes se répandaient partout, il ne restait pour ainsi dire plus de glaçage et tout était foutu ! J'ai attrapé une spatule et j'ai mis le gâteau en purée. Chaque fois que je suis contrariée, il me suffit d'imaginer l'infâme amas gluant de miettes de gâteau, et ma vision des choses change aussitôt.

Ni ma sœur ni moi ne nous rappelons pourquoi nous avons tellement ri un après-midi, tandis que nous ramions dans notre canot pneumatique. Nous ne comprenons pas davantage pourquoi nous n'avons pas vu la seule autre embarcation sur le lac. Lorsque les deux bateaux se sont tamponnés, nous avons ri de plus belle. L'expérience était multiple : nous étions étouffées de rire mais nous nous sentions en même temps gênées et coupables. Peut-être parce que lui ne riait pas, le rameur solitaire s'excusa le premier. Je me rappelle avoir fait un gros effort pour répondre. Je voulais lui adresser nos excuses, mais mes lèvres, tremblantes de retenir mon fou rire, n'arrivaient pas à formuler les mots. Finalement, je parvins à articuler : « Oh, non ! C'était en partie de notre fête. » Inutile de préciser que cette bourde a nourri notre rire hystérique et fait sourire notre visiteur inattendu.

Quarante ans plus tard, l'anecdote nous fait rire encore. Mais, en même temps, cette phrase où la langue m'avait fourchée nous sert désormais de référence en situation de crise. Chaque fois que nous la prononçons exprès, il s'agit d'un signe d'amour et d'acceptation. Un jour que je vivais un chagrin d'amour, ma sœur me fit remarquer avec sagesse que si la relation avait pris fin, c'était « en partie de ma fête ». Une autre fois, je lui rappelai que les situations fâcheuses que vivent les parents ne sont « qu'en partie de sa fête », vu qu'elle a un mari.

Au cours des années, notre répertoire d'expressions loufoques s'est allongé. Au fur et à mesure qu'il augmente, la profondeur et la qualité de notre relation en fait autant. Je crois que nous partageons l'opinion que le précieux lien que nous avons, nourri de douceur et saupoudré d'épices, est « de notre fête à toutes les deux » !

Debbie Petricek

COLLABORATRICES

Burky Achilles exerce toutes sortes de petits boulots pour aider à subvenir aux besoins de sa famille, et elle écrit. Elle est récipiendaire d'une bourse de la *Walden Fellowship and Soapstone Residency for Women Writers*. Burky rédige présentement son premier roman ainsi qu'une série de nouvelles sur son enfance à Hawaï. (503) 638-4100.

Jennifer Brown Banks est une journaliste en poste à Chicago; elle est également poète et femme d'affaires. Elle écrit pour le magazine *Being Single* depuis 1995 et a publié trois recueils de poèmes. Ses articles, ses poèmes et ses chroniques ont paru dans le *Chicago Sun-Times*, la revue *Being Single*, dans *Today's Black Woman, Chocolats pour le coeur d'une femme*, publié chez Fireside/Simon & Schuster, *Just for Black Men, Today's Chicago Woman, Chicago Defender* et *Positive Connections*. Mme Banks est la fondatrice de l'association *Poets United to Advance Arts*. (773) 509-8018.

Carole Bellacera est un écrivain qui vit à Manassas, en Virginie. Ses récits de fiction et ses articles ont paru dans plus de 200 magazines et journaux aux États-Unis et à l'étranger, comme *Woman's World, The Star, Endless Vacation* et le *Washington Post*. Certaines de ses oeuvres de fiction ont gagné des prix, comme le Columbia Pacific University's *CPU Review* (concours de prose) et The Belletrist Review (concours annuel de nouvelles). Son premier scénario, Border Crossings, était parmi les finalistes du concours *Austin Heart* en 1995. Le roman a été publié sous couverture rigide par *Forge Books* en mai 1999. <KaroBella@aol.com> <http://members.aol.com/KaroBella>

Tannis Benedict a grandi en voyageant à travers le monde, ses parents travaillant pour l'armée de l'air. Elle et son mari, Brian Frankish, possèdent une société de production de films, *Frankish-Benedict Entertainment,* consacrée aux « scénarios amoureux ». Elle a fait ses débuts dans l'écriture d'une pièce de théâtre à deux personnages, *Timing is Everything*, une comédie romantique produite à Los Angeles, où elle habite. Elle écrit également des scénarios, des nouvelles et de la poésie et elle a été comédienne pendant plus de vingt ans. Après avoir perdu son fils, en 1996, sa foi en Dieu et au pouvoir de la prière s'est épanouie et a illuminé sa vie spirituelle. <tannisb@aol.com>

Maggi Boomer est mariée et travaille comme commis à la distribution dans un hôpital de la région. Elle apprend, grâce à des lectures et à la méditation, comment vivre ce qu'elle considère une vie authentique. Elle étudie présentement les ressources qui lui permettraient de neutraliser sa maladie pulmonaire par le biais des médecines douces et la guérison naturelle. (618) 465-5283.

Joy Boyd est mariée, mère de famille et conférencière sur la motivation. Elle croit à la liste des « Je suis » et continue de s'en servir dans ses ateliers. Elle étudie présentement pour obtenir un diplôme en arts graphiques. (302) 836-1995.

Debra Ayers Brown est mère d'un jeune élève de troisième année et directrice des relations publiques et du développement du *Savannah Technical Institute*. Elle a gagné de nombreux prix de design et d'écriture au niveau national. Auteur de plusieurs contes pour enfants, elle travaille présentement à la rédaction de romans policiers. Son mari est le maire de Hinesville, en Géorgie, ce qui fait d'elle la première Dame de la ville. (912) 876-4617.

Renie Szilak Burghardt, née en Hongrie, est arrivée aux États-Unis en 1951 et est rédactrice pigiste. Ses écrits ont paru entre autres dans *Angels on Earth*, *Mature Living*, *Cat Fancy*, *Midwest Living*, *Nostalgia* et *The Friend*. Elle habite à Doniphan, dans le Missouri. (573) 996-7750.

Terry Cohen considère l'écriture comme un moyen d'expression. Jeune maman, elle y est entrée par le biais de contes humoristiques pour enfants, qui étaient lus en classe. Elle a écrit un scénario pour la série télévisée *Gentle Ben*. Elle a été propriétaire d'une boutique d'antiquités et de deux magasins de cadeaux et d'accessoires de maison. Il lui arrive, encore aujourd'hui, d'aller lire des contes dans la classe de première année de son petit-fils. Elle réunit présentement ses écrits pour en faire une autobiographie. <Helowrld@aol.com>

Linda G. Engel vit avec son mari et ses enfants dans la région des Grands Lacs, au cœur du Minnesota, où elle est née et a grandi. Elle a obtenu une maîtrise en troubles relationnels et travaillé comme coordonnatrice clinicienne de l'élocution et du langage dans les écoles publiques durant vingt ans, avant d'adopter un fils et une fille. Lorsqu'elle ne travaille pas comme rédactrice pigiste, elle aime bien aller à la pêche et pratiquer des activités de plein air avec sa famille. Elle termine présentement son premier livre, *Excuse Me, I'm Grieving*. (218) 829-3433. <ssengel@uslink.net>

Karin Esterhammer est chroniqueur et rédactrice en chef au *Los Angeles Times*. Elle habite Burbank, en Californie et, en dehors de ses deux filles, elle se passionne également pour tout ce qui est allemand : la langue, la culture, l'histoire et la cuisine. (818) 842-1852.

Candis Fancher, M.S., C.C.C., est pathologiste de l'élocution en milieu hospitalier. Elle intègre l'humour et des stratégies de pauses-plaisir dans les soins qu'elle prodigue à ses patients, afin de faciliter la communication et leur guérison. La foi, la famille et l'amitié figurent en première place dans ses priorités personnelles. Elle vit avec son mari et meilleur ami, Dwayne, un pharmacien, et leurs enfants, Chad et Jill, qui décrivent leur mère comme « spontanée et bizarre ». Ses séminaires sur les ressources intérieures, « Apprendre à surnager quand la vie cherche à nous engloutir », ont pour but de divertir, d'informer et d'inciter les participants à S'arrêter, Écouter, Agir et Créer des liens à coeur ouvert. (612) 890-3897.

Jacquelyn B. Fletcher travaille pour le *Minnesota Monthly Magazine*, à Minneapolis. <jfletch@minnesotamonthly.com>

Lola D. Gillebaard habite Laguna Beach, en Californie. Elle a reçu le *Writers Award* du *Reader's Digest*. Elle est conférencière professionnelle et ancienne présidente de la *National Speakers Association* pour la grande région de Los Angeles. Son émission, *Life's Funny That Way*, remporte un énorme succès dans tout le pays. En plus d'être une humoriste, Lola est maître de conférences, auteur et orateur chargé du discours-programme dans les entreprises. Elle croit que le rire est la clef pour bien communiquer et que l'humour doit être pris au sérieux dans le milieu des affaires. (714) 499-1968.

Tag Goulet, M.A., est une conférencière qui a aidé plus de 200 000 personnes à s'engager et à réaliser leurs rêves. Assistante de recherche à l'université et journaliste chroniqueur, elle a écrit quelques livres ainsi que *Recipe for Success*, un cédérom distribué dans soixante-cinq pays.

Spécialiste du « pouvoir de l'engagement », Tag a été interviewée des centaines de fois par les médias, aux États-Unis et au Canada. Elle rédige présentement *Courage to Commit*, un ouvrage qui explique des façons simples de vivre la vie qu'on souhaite en s'engageant envers soi-même et dans la réalisation de ses rêves. Composez le (888) HEART-24. <tag@heartpath.com> ou visitez le site www.heartpath.com

Marnette K. Graff, R.N., vit et écrit dans le nord-est rural de la Caroline du Nord, où elle gère la pratique chirurgicale de son mari. Elle enseigne la création littéraire, rédige une chronique dans le journal local et a travaillé comme scripte et comme consultante médicale pour la télévision et le cinéma. Elle détient un baccalauréat spécialisé du *St. Joseph College* de Long Island, dans l'état de New York, et a étudié à *Radcliffe, New York University,* ainsi qu'à *l'University of Iowa.* Marnette a écrit des scénarios, de la poésie et des nouvelles. Elle fait présentement la recherche pour un film d'intrigue de meurtre dont le tournage aura lieu en Angleterre. (252) 943-9100.

Donna Hartley est conférencière au niveau international, membre de la *National Speakers Association,* une spécialiste du changement et survivante de l'écrasement d'un DC-10. Propriétaire et fondatrice de *Hartley International,* elle a été en vedette sur les chaînes NBC, ABC, PBS et The Learning Channel, ainsi que dans le *New York Times*. Sa trilogie livre, bande vidéo et cassette porte le nom de *Get What You Want.* (800) 438-9428.

Karen Howells est conférencière, conseillère en formation et consultante. Elle a travaillé pendant plus de dix ans auprès de grandes entreprises comme Intel, Hewlett Packard, Nike et Textronix, pour promouvoir le leadership, le travail en équipe et la communication. Musicienne professionnelle, elle a chanté avec les orchestres symphoniques de l'Oregon et de Seattle et conjugue souvent son travail et son expérience artistique pour présenter ses sujets d'une manière originale et inspirante. Karen a également enregistré deux albums solo et travaille présentement à un troisième qui portera le titre de *Second Wind*. (503) 246-2929.

Debb Janes est journaliste et une personnalité de la radio du matin, à Portland, dans l'Oregon. Elle enseigne également à temps partiel au *Mt. Hood Community College* et prépare plusieurs livres. C'est une environnementaliste et une amoureuse du plein air. Dans ses loisirs, elle pratique la randonnée pédestre, l'alpinisme et la pêche à la mouche. Elle adore jardiner et croit que l'épanouissement personnel passe par la sensibilisation et la spiritualité. Elle vit avec sa fille de treize ans, Kelsea.

Marlene R. Jannusch est un médecin à la retraite, qui compte plus de trente ans de carrière dans l'enseignement et l'administration. Cette femme qui a été épouse, mère, grand-mère, éducatrice, femme d'affaires et personnalité de la radio, a finalement décidé qu'elle avait quelque chose à dire. Depuis dix ans, elle a produit plus de 300 textes sur la vie et l'amour. Comme auteur et conteuse, elle a découvert le pouvoir des mots pleins de douceur qui font du bien à l'âme et au cœur de ses lecteurs et de ses auditeurs. (715) 532-7292. <jannusch@mscfs.edu>

Peggy Kline est la maman de Melissa, Angela et Trevor, dont elle est très fière et qui lui procurent beaucoup de joie (et de matériel !). Elle est connue dans tout le pays comme conférencière et humoriste, en particulier pour répondre au besoin d'espoir des femmes. Son émission qui a mérité un prix, *Who's Mothering Mom ?*, a été commanditée par la société Gerber Products pendant plus de cinq ans et a ravi toutes les mamans américaines. Son aptitude à rejoindre et à inspirer les femmes de tous les milieux lui a valu de se retrouver dans de nombreux talk-shows radiophoniques et les journaux du pays. Elle peut exercer son don de toucher et d'attiser le coeur des femmes, à l'occasion de votre prochaine conférence. (616) 891-1153.

Patricia Kulzer a des enfants et exerce le métier d'assistante administrative. Elle canalise présentement ses énergies artistiques dans la gestion d'une entreprise familiale qui fabrique des courtepointes destinées à la postérité. (630) 257-2086.

Catherine Lanigan écrit depuis vingt ans et compte vingt et un romans à son actif, y compris la mise en oeuvre de *Romancing the Stone* et *The Jewel of the Nile*. Elle a lancé un nouveau genre d'héroïne, « la femme en évolution », un personnage qui se constitue un arsenal de sagesse, de dignité et de courage afin de renforcer ses aptitudes à aimer et à être aimée en traversant des tragédies et des crises réelles. Sa prise de pouvoir personnelle tient sa source dans une foi spirituelle éternelle qui la guide et renouvelle sans cesse l'espoir. Procurez-vous ses ouvrages les plus récents, *In Love's Shadow* et *The Legend Makers* (publié en juillet 1999 par MIRA Books). www.clanigan.com

Mary LoVerde, M.S. et A.N.P., est conférencière professionnelle et la fondatrice de Life Balance Inc. Elle se consacre à la recherche de l'équilibre entre la carrière et une vie de famille heureuse et en santé. Elle a écrit *Stop Screaming at the Microwave: How to Connect Your Disconnected Life*, publié chez Fireside/Simon & Schuster, et a été invitée à l'émission *Oprah*. Elle a produit une cassette intitulée *June Cleaver Never Fried Bacon in a Bill Blass Dress*. Pour obtenir des renseignements sur ses *Memory Jar* et *Memory Cards* faites sur mesure, veuillez composer le (303) 755-5806.

Joanne McCall, personnalité de la radio durant dix-huit ans, coanime à présent un talk-show radiophonique hebdomadaire à Portland, dans l'Oregon. À titre de présidente de *McCall Public Relations,* Joanne se passionne entre autres pour la promotion des oeuvres des auteurs et du travail des conférenciers. Elle considère comme un honneur d'avoir pu collaborer avec Kay Allenbaugh et les autres auteurs à la série des *Chocolats.* Joanne mène une vie heureuse avec son mari, Gary, leur chien, Houston, et leurs chats, Thelma et Louise. (503) 245-3107.

Judith McClure est la directrice et le pasteur résident du Centre pour l'épanouissement de la conscience, à Phoenix, en Arizona. Avec son chien, Bear et son chat, Angel, elle constitue le comité d'accueil officiel aux messes du dimanche et aux nombreux cours dispensés au centre. Elle se charge personnellement de ceux intitulés « Parler et créer avec vos anges gardiens » et « L'art de fabriquer une source d'eau fraîche pour votre jardin spirituel ». (602) 279-3998. <j_mcclure@earthlink.net>

Carolyn Masters, M.S., Ed.S.P., est la présidente du *Masters Resource Group.* Elle donne des conseils, écrit et présente des conférences sur l'aspect humain du changement. Elle est l'auteur de *When Change Is Your Company's Middle Name*, un guide pratique à l'intention des cadres supérieurs et des propriétaires d'entreprise qui changent d'environnement professionnel. Elle détient une maîtrise en formation et en psychopédagogie ainsi qu'un diplôme en gestion. Elle est membre de la *National Speakers Association* et de l'*Arizona Speakers Association*. Elle et son mari ainsi que leur teckel miniature vivent paisiblement à Tucson. (520) 297-6674. <Ckmasters@aol.com>

Marguerite Murer est conférencière professionnelle, éducatrice et l'assistante de direction du président du club de baseball des Rangers du Texas. En combinant son bagage d'instruction et son expérience unique du domaine du baseball, Marguerite suscite l'enthousiasme et l'énergie chez ceux qui assistent à ses conférences. (817) 273-5234.

Linda Nash, M.B.A., est une conférencière connue au niveau national. Elle tutorise des carrières et a écrit *Surviving in the Jungle* et *The Shorter Road to Success*. Ses techniques pratiques, son enthousiasme, son humour, ses merveilleuses histoires et son style motivateur charment ses auditoires. Elle donne des conférences dans des compagnies, des associations et dans différents organismes sur le changement, la communication, la croissance personnelle et la carrière. Pasteur ordonné, elle s'adresse également à des groupes de paroissiens et offre des retraites spirituelles à l'intention des femmes. Pour obtenir des renseignements sur les services de conférence, les retraites, les livres, les guides pratiques et les cassettes à l'intention de celles qui désirent entrer sur le marché du travail, *Becoming the Real You and Getting Paid for It*, composez le (800) 701-9782. <Lindaljn@aol.com>

Sarah Newby est New-yorkaise d'origine, elle est mariée et mère de six enfants. Elle possède une formation professionnelle de secrétaire de direction et a passé les vingt-cinq dernières années avec son mari dans leur entreprise de conseillers en ascenseurs. Son récit, « Double bénédiction », était le premier qu'elle soumettait et elle était ravie qu'il soit accepté. Elle désire terminer le roman qu'elle avait toujours rêvé d'écrire.

Martha E. Nicholson est éducatrice auprès des enfants ayant des besoins spéciaux et souffrant de difficultés d'apprentissage. Elle prépare son premier ouvrage, *I Want a Room with a Window*, une récapitulation de ses mésaventures à l'école primaire. Elle offre des tests d'évaluation et du tutorat privé aux enfants et aux adultes en difficultés d'apprentissage. Elle s'intéresse également à l'artisanat et à la fabrication de courtepointes. (978) 343-2939.

Maureen Nunn est la créatrice et l'animatrice d'une série télévisée distribuée sous licence qui s'est méritée plusieurs prix, *Everyday Heroes*, qui vise à démontrer comment des gens ordinaires peuvent changer le monde (en ondes deux fois par semaine sur Kaleidoscope). Bilingue, elle anime également une tribune téléphonique hebdomadaire en espagnol, en compagnie de Lety Dominguez Bolivar, au cours de laquelle ils explorent les différents aspects de la vie chez les hispanophones. L'émission, *Comunidad Latina con Maria y Lety*, a mérité trois *Diamond Awards* et un *President's Award*. Mme Nunn a produit des bandes vidéo sur le sida chez les enfants, le cancer et les enfants et sur l'impact de la leucémie. Elle a obtenu un titre honorifique de l'*American Cancer Society* et reçu le prestigieux prix *CableACE*. (310) 544-3260.

O.C. O'Connell travaille comme rédactrice pigiste et considère chaque « tour de collations » comme un triomphe culinaire. Elle vit avec son bien-aimé et leurs anges de jumelles dans un état perpétuel de passion, de chaos et de négociations. Elle a servi de « nègre » à *Intel Corporation* pour la rédaction du livre *The PC Dad's Guide to Raising a Computer Smart Family*. Ses textes ont par ailleurs paru dans *Chocolate for a Woman's Heart*, le magazine *Twins*, *The Journal of Case Management* et *The AORN Journal*. (303) 730-6745. <ococonnell@att.net>

Rév. Mary Omwake est le pasteur principal de l'Église unie de Overland Park, dans le Kansas, depuis 1989. Sous son leadership, la congrégation est passée de 200 à 2450 membres. Elle est membre fondateur de l'*Association for Global New*

Thought et se consacre à encourager la croissance spirituelle authentique et à servir un monde en plein éveil. (913) 649-1750.

Kathy Adatte Ott habite à Saginaw, dans le Michigan. Après la mort de son fils Timothy, elle est retournée aux études et a obtenu un diplôme de premier cycle en communications. Présentement, elle se trouve très chanceuse de pouvoir rester à la maison pour élever Christopher (neuf ans) et Katherine (cinq ans). Elle prépare son premier roman, *A Glorious Triumph: A Glimpse into Becoming a Mother Through Foreign Adoption*. (517) 792-6738. <Adatte425@aol.com>

Debbie Petricek, M.S., N.L.P., est la fondatrice de *In Potentia: The Center for Creativity and Development,* à Portland, dans l'Oregon. Passionnée par la psychologie, les arts et la communication, elle fait la promotion de l'importance de la créativité dans la culture et de la visualisation positive pour la santé et le bien-être. Son centre offre un forum efficace mais joyeux qui encourage l'expression créatrice, l'apprentissage et l'épanouissement. Ceux qu'elle guide acquièrent des aptitudes inestimables au fur et à mesure de leur croissance personnelle. (503) 226-9161.

Lillian Quaschnick est un ancien professeur de langues étrangères. L'humour est la forme qu'elle privilégie dans l'écriture et elle rédige présentement un ouvrage au sujet de son expérience comme Italo-américaine de première génération. Elle collabore également à un livre sur l'industrie du raisin sec. (209) 843-2524.

Linda Ray est infirmière auprès des personnes âgées ainsi que rédactrice pigiste. Elle a, par nécessité et parfois par choix, vécu dans quinze états différents. Il y a de nombreuses années, elle a décidé de s'épanouir là où elle est née et d'éviter ainsi le phénomène de la violette qui fane après avoir été déracinée. Elle a désormais « pris sa retraite » dans une région boisée de l'Oregon, l'état qui l'a vue naître, où le courrier n'est livré que trois jours par semaine. Elle s'occupe d'aimer, de vivre au grand air et d'écrire. <rlbrning@jeffnet.org.>

Joan Roelke est un ancien cadre supérieur dans le domaine bancaire et rédactrice pigiste. Elle vit à Lake Tahoe où elle prépare son second roman. (530) 581-0662.

Joyce M. Saltman, Ed.D., est professeur titulaire en éducation spécialisée, à la *Southern Connecticut State University* depuis 1975. Elle donne également chaque trimestre un cours de niveau collégial, intitulé « Améliorer l'apprentissage grâce à l'humour », et elle enseigne à l'institut HELP: Healing (guérir), Education (s'instruire), Laughter (rire) and Play (s'amuser). Afin d'aider les gens à apprendre à sourire, elle voyage à travers le monde dans son temps libre pour donner une centaine de conférences par année : « Le rire : indispensable à la survie » et « Apprendre à composer avec les gens difficiles ». (203) 272-9519.

Mary Sass, qui détient une maîtrise en orientation, est écrivain, peintre, conférencière et ancienne enseignante. Elle a publié plusieurs essais, des récits et des articles sur le métier d'écrire. Elle a gagné des prix pour ses scénarios radiophoniques et ses documentaires pour la télévision, ainsi que pour ses toiles. Elle a écrit des romans et illustré un conte de Noël, *The Katy Ornament*. Membre des *Mystery Writers of America* et du *MWA Speakers' Bureau,* elle figure dans le *Who's Who of American Women*, le *Who's Who of the Midwest* et le *Who's Who in Entertainment*. (847) 674-7118 et (616) 432-4466, de juin à septembre.

Anne Spollen détient une maîtrise en littérature anglaise et peut donc enseigner l'espagnol et l'anglais, ce qu'elle a fait à presque tous les niveaux scolaires. Elle écrit de la poésie et de la fiction et ses textes ont été publiés dans plusieurs journaux littéraires. En 1998, elle a été mise en nomination pour le prix *Pushcart*, section fiction. Elle continue de « percevoir » les pensées de Christopher et de Philip et espère que son don agira également pour sa dernière-née, Emma. <shawangunks@msn.com>

Lynne Swartzlander est une femme d'affaires, un écrivain et une conférencière qui se sert de l'humour (« J'ai découvert récemment que Superwoman n'habitait pas à mon adresse et je n'en reviens pas encore ! ») et de la perspicacité pour aider les gens sur le chemin de la vie. Son amour pour les humains et les animaux ainsi que sa passion d'exercer une influence positive dans un monde souvent négatif la poussent à rechercher constamment de nouvelles façons humoristiques d'apprendre à bien vivre. (360) 574-8055. <ohnomocha@aol.com>

Susie Troccolo, qui possédait une entreprise de consultation auprès d'une industrie de haute technologie, a modifié son parcours et mène une vie plus polyvalente désormais. En effet, elle travaille deux jours par semaine depuis son bureau à domicile, consacre deux autres jours à son potager de légumes organiques et offre une journée de bénévolat hebdomadaire auprès des enfants. Elle a renoncé aux escarpins et aux collants de nylon et promène ses chiens, Rufus et Sassy, beau temps mauvais temps, à Portland, dans l'Oregon. Pour célébrer le changement et le fait de vieillir en beauté, elle vient d'écrire un livre intitulé *Growing Down Stories*, en cadeau pour sa famille et ses amis. <Auguri@ix.netcom.com>

Michele Wallace-Campanelli, romancière, habite le comté de Brevard et est l'auteur de *Hero of Her Heart*, publié chez

Blue Note Books. Elle a également été chroniqueur invité pour le journal *Florida Today*. Son texte sur Harry Caray a suscité beaucoup d'enthousiasme, y compris une lettre de remerciements de Chip Caray des Cubs' de Chicago. Ses plus récents manuscrits, *Keeper of the Shroud* et *Margarita*, seront publiés prochainement. www.netcom.com/~wallace3 <mswallace@juno.com>

Patricia Wilson est l'auteur de la série de cassettes à succès *Living in Excellence* et de huit ouvrages sources d'inspiration. *How Can I Be Over the Hill When I Haven't Reached the Top Yet ?* et *Why Pray When You Can Take Pills and Worry: A Frazzled Mother's Guide to Raising Teens* comptent parmi les favoris de ses lecteurs. Conférencière et animatrice d'ateliers au niveau international, elle est surtout connue pour ses anecdotes réalistes et humoristiques, qui ont charmé ses auditoires de Manille à Londres et de Seattle à New York. Elle habite une petite île au large de la côte atlantique, près de la Nouvelle-Écosse, au Canada.
(902) 885-3193. <http://www.deeperwaters.com>

Toni Woods est écrivain, fait du bénévolat et s'occupe de ses trois jeunes fils, Alex, Grant et Nicholas, dans la région de Kansas City où elle habite avec son mari. Elle a été reporter pour le *Kansas City Star*, et ses articles et essais ont été publiés dans de nombreux magazines, dans des journaux et dans des livres. Elle a partagé son intérêt pour les arts et les différentes cultures avec ses enfants, à l'église et à l'école. (913) 441-0659. <toniwrites@aol.com>

Lynne Layton Zielinski s'épanouit dans la joie auprès de ses sept enfants maintenant adultes, de ses treize petits-enfants et l'amour de celui qui est son mari depuis quarante et un an. Autrefois infirmière, elle est à présent propriétaire d'entreprise. Éternelle observatrice du genre humain, Lynne croit que la vie est un don de Dieu et que ce que nous en faisons représente notre cadeau pour Lui. Ses écrits témoignent de ses convictions. Téléphone : (205) 880-9052. <Excel 11047@aol.com>

REMERCIEMENTS

Je remercie chaleureusement toutes celles qui ont collaboré à *Chocolats pour le cœur d'une mère* en acceptant de partager leurs expériences de mamans et de filles. Leurs effets se feront sentir dans le monde entier. Le talent de chacune pour transformer en récits les moments tantôt drôles, tantôt tendres et parfois très émouvants qu'elles ont vécus est ce qui fait la richesse de cet ouvrage.

Je remercie également mon agent, Peter Miller, pour son énergie et son professionnalisme habituel, ainsi que son personnel, Delin Cormeny et Allison Wolcott, pour leur soutien permanent. J'offre toute ma reconnaissance à mon éditrice en chef, Becky Cabaza, ainsi qu'à son assistante, Carrie Thornton; à la chargée de promotion, Helen Adams; aux vice-présidentes du marketing et de la publicité, Christine Lloreda et Sue Fleming Holland, ainsi qu'au reste de l'équipe chez Fireside/Simon & Schuster qui sont toutes devenues des mamans « chocolat » !

Je remercie tout particulièrement Burky Achilles et Ellen Hiltebrand pour leur révision professionnelle, et Carol Zavodsky pour sa compétence en secrétariat.

Comme toujours, je remercie ma mère dont je continue d'honorer la mémoire. Son amour imprègne le style de *Chocolats pour le cœur d'une mère*.

AU SUJET DE L'AUTEURE

Kay Allenbaugh est également l'auteur de *Chocolats pour l'âme d'une femme*, de *Chocolats pour le cœur d'une femme*, de *Chocolats pour le cœur et l'âme d'une femme* et de *Chocolats pour le cœur d'une femme amoureuse*, et vit avec son mari, Eric Allenbaugh (l'auteur de *Wake-Up Calls: You Don't Have to Sleepwalk Through Your Life, Love or Career !*), à Lake Oswego, dans l'Oregon.